editorafunilaria
sobinfluenciaedições

um manifesto HACKER

McKenzie Wark

In memoriam:
Kathy
Rei dos piratas[1]
Acker

[1] Nota do tradutor: esta é uma referência à obra *Pussy, King of the Pirates*, de Kathy Acker.

Esta terra é sua terra, esta terra é minha terra
— Woody Guthrie

Esta terra é sua terra, esta terra é minha terra
— Gang of Four

Esta terra é sua terra, esta terra é minha terra
— Luther Blissett

...meio que brota organicamente da terra. E tem as características do comunismo, que as pessoas tanto amam. Ou seja, é gratuito.

— Steve Ballmer, CEO, Microsoft

Pensar *Um Manifesto Hacker* 20 anos depois

Leonardo Foletto, Rafael Grohmann e Victor Barcellos

Não é fácil a tarefa de apresentar *Um Manifesto Hacker*, de McKenzie Wark, ao público brasileiro. A natureza ensaística, provocativa e irônica da obra nos põe um desafio: como falar de um presente sem estragar a surpresa? Outra questão é o tempo: o livro foi lançado pela primeira vez há vinte anos. Como contextualizar a obra? O papel da informação e das tecnologias na sociedade contemporânea está ainda mais visível do que há vinte anos, o que faz com que a obra continue atual - como a própria autora afirma em sua introdução à edição brasileira. Se, por um lado, não vamos estragar as surpresas - elas são deliciosas - por outro, não espere uma apresentação tradicional. Ela seria o exato oposto do que o próprio livro tentou ser.

O que podemos contextualizar é que, embora a tradução apenas saia agora, sua recepção em território brasileiro aconteceu mesmo há quase vinte anos. De forma um tanto errática, quase *underground*, o livro foi lido e discutido em meios acadêmicos e ativistas, sobretudo onde havia pessoas interessadas em torno da grande área que se convencionou chamar cibercultura - nome que hoje, com a onipresença do digital em nossas vidas, parece ter sido abandonado.

Dentro dessa área, *hackers* afeitos também aos estudos filosóficos de inspiração deleuziana sobre a técnica receberam com entusiasmo estes escritos de McKenzie Wark; outros, especialmente teóricos da comunicação e da sociologia, leram com atenção as teses do livro e notaram as semelhanças com *A Sociedade do Espetáculo*, de Guy Debord, e *Manifesto Comunista*, de Karl Marx e Friedrich Engels, evidentes na forma aforística do texto mas nem tão clara no conteúdo - embora você verá muito de ambos autores nas páginas a seguir.

Outros, como um dos autores desse prefácio, inclusive chegaram a começar uma tradução de *Um Manifesto Hacker*, principalmente porque queriam que as ideias da autora se espraiassem para além do meio teórico onde elas circularam com mais ênfase. A tentativa de tradução, fadada desde o início a ser frustrada, rendeu algumas boas conversas em madrugadas afora dentro de ônibus hackers pelo Brasil e se perdeu inacabada em algum link de *pad* dos anos 2000. A que temos aqui é uma muito mais robusta e madura, à altura do desafio que é transpor um texto que se propõe *críptico*, além de provocador e inovador.

Muita coisa ocorreu na internet e no mundo das tecnologia digitais nestes vinte anos que separam a primeira publicação do livro e esta edição brasileira, a começar pelo talvez principal tema discutido em *Um Manifesto Hacker*: a noção de propriedade intelectual e suas implicações filosóficas e éticas. 2003 é o ano da expansão mundial do *Creative Commons*, criada dois anos antes como a principal organização surgida na esteira do debate em torno do acesso ao conhecimento livre X defesa da propriedade intelectual na rede - um tema que, durante esta década, foi tão importante quanto é o da desinformação nos anos 2020. No Brasil, 2003 é o primeiro ano do primeiro mandato como Presidente de Lula, que pôs como seu Ministro da Cultura Gilberto Gil. Músico inventivo e tropicalista que sempre foi, Gil compreendeu na hora o que significava à época a cultura da recombinação presente na liberação da informação na rede, e por isso foi um dos maiores incentivadores da cultura livre no país a partir da propulsão de seu governo tanto das licenças livres do Creative Commons no país quanto do software livre, a base técnica – e também filosófica – por trás da cultura livre.

A lembrança de 2003 é inevitavelmente saudosa. Vivíamos um tempo onde a crença no potencial transformador da internet e das tecnologias digitais era o *zeitgeist*, à direita, centro e à esquerda do espectro político. Achávamos que o livre acesso à informação nos faria aprendermos muito mais sobre tudo; que o acesso grátis, à margem da lei, à todos os bens culturais que nossa conexão permitisse nos faria conhecer muito mais a cultura e a arte de todos os lugares; que a liberação do pólo emissor da informação para qualquer pessoa com acesso à internet era o caminho da libertação das narrativas enviesadas da chamada grande mídia. Como McKenzie Wark, lutávamos para libertar a informação das correntes que a prendiam na época – numa das frases mais inspiradas e citadas do livro que você tem em mãos.

A vivência dos últimos anos, porém, faz o parágrafo anterior soar como escrito por uma criança ingênua. Talvez devêssemos saber que o abuso precede o uso, ou que o capitalismo neoliberal forjado à sol e anfetamina do Vale do Silício é muito mais perverso que nossas pretensões igualitárias de justiça social mediada pelas tecnologias. Talvez. Mas o fato é que o pesadelo da desinformação levantado pela abertura da caixa de pandora da informação livre nos faz ver, com mais clareza de que gostaríamos, que os discursos de ódios e os extremismos diversos em 2023 predominam na sociedade – e são amplificados pelas plataformas digitais, estes sistemas técnicos que, praticamente inexistentes em 2003, hoje *são* a internet para a maior parte das pessoas conectadas em rede.

Se isso muda (quase) tudo o que pensávamos antes, mudaria também *Um Manifesto Hacker*? Certamente. Como diz a própria autora no texto à edição brasileira, "as proposições táticas de *Um Manifesto Hacker* são de seu tempo". Ela mesma continua afirmando que, apesar disso, acha o livro infinitamente produtivo, tanto por conceitos ali trabalhados (como a natureza como diferença, a contraposição da expressão à representação, entre outros) como pela prática de uma teoria social filosófica mais afeita aos experimentalismos textuais, como se pudesse ser lida também como Literatura (ou fruída como arte), no movimento que ela posteriormente chamaria de baixa teoria (*low theory*).

Mas afinal, como seguir apresentando as ideias do livro sem estragar as vigorosas surpresas de sua escrita? Sendo um de seus primeiros livros publicados, o manifesto dá um primeiro vislumbre daquilo que viria a ser desenvolvido em obras posteriores como *General Intellects (2017)* e *Capital is Dead: is this something Worse*? (2019, publicado no brasil como *O Capital Está Morto* em 2022). Nascia ali uma visão bastante original e provocativa de se pensar as reconfigurações dos regimes de produção, num momento em que as tecnologias digitais se tornam infraestrutura fundamental – e a informação, a principal mercadoria.

Um Manifesto propõe a visão de que existem três classes dominantes e suas respectivas classes dominadas. Cada uma dessas classes dominantes deriva seu poder da propriedade privada de uma categoria de meios de produção. São elas a classe ruralista, que detém terras; a classe capitalista, que possui capital; e a classe vetorialista, proprietária da informação. E suas decorrentes classes dominadas, respectivamente a classe camponesa, a classe trabalhadora e a classe hacker. Apesar de haver uma sequência histórica na emergência de cada uma delas (primeiro veio a ruralista, depois a capitalista, e agora a vetorialista), a autora afirma que as três classes coexistem no presente.

Filosofar é, no sentido deleuziano, criar conceitos. E é exatamente isso que Wark faz – introduzir uma série de novos termos em nosso vocabulário e conferir um sentido estranho àquelas palavras mais banais. Sua originalidade é, sobretudo, de uma inovação na linguagem. Assim, a autora introduz ao menos duas ideias radicais que provocam a ortodoxia marxiana. A primeira é falar em classes, no plural. No mundo vetorialista, a história da humanidade não é a história da luta dicotômica entre duas classes, mas de alianças e conflitos entre seis classes dominantes e dominadas.

E a segunda é proposição de uma nova classe, a classe vetorialista. Hoje em dia, soa no mínimo estranho falar que não vivemos mais no capitalismo. Parece não haver dissenso de que isto é capitalismo, restringindo as controvérsias entre direita e esquerda se isso é bom ou ruim. É preciso muita coragem para defender uma tese tão estranha àquilo que se tornou premissa do pensamento econômico de todos os lados. Dizer que o capitalismo foi ultrapassado é quase tão radical quanto afirmar que Deus está morto ou que a Terra não é o centro do universo. Se no manifesto sua leitura era mais descritiva, em suas últimas publicações assume-se o tom taxativo – não apenas não estamos mais no capitalismo, estamos no vetorialismo e isso é *pior*.

Os vetorialistas nascem como classe no momento em que transformam em mercadoria aquilo que em grande parte da história humana foi tratado como um bem comum – a informação. Por muito tempo, a informação foi tratada como o ar ou a água, algo que pertence a todos e não a um particular. Contudo, as classes dominantes logo perceberam a oportunidade de explorá-la. A posse da informação também possui uma característica que a diferencia da posse de terras ou fábricas – as segundas, por serem materiais, são aquilo que se chama de bens concorrentes. Sua propriedade funciona por exclusão – se eu tenho, você não pode ter. A informação, por outro lado, é essencialmente imaterial, abundante e não-concorrente – se eu "tenho" uma ideia, não existe uma ideia a menos na natureza. Você e eu podemos ter a mesma ideia, sem nos excluirmos.

Portanto, a classe vetorialista usa dos mecanismos de propriedade intelectual para exercer poder sobre a informação. E controla seus fluxos, os quais McKenzie Wark chama de vetores – a capacidade de transmitir, armazenar e transformar a informação. Por esse poder, possui uma vantagem sobre as classes que a antecederam (ruralista e capitalista), já que ainda estavam muito limitadas geograficamente. A terra não pode ser movida no espaço; o capital pode se locomover mas ainda encontra muitas barreiras; mas a informação pode circular livremente, quebrando todas as barreiras temporais e geográficas.

Se toda classe dominante possui sua correspondente classe dominada, aquela derivada da classe vetorialista é a chamada classe hacker. À primeira vista soa estranha a introdução da figura do hacker no vocabulário da economia política. O hacker não é mais um sujeito criminoso capaz de se infiltrar em sistemas de informação, mas uma classe social? A autora ressignifica a imagem do hacker para representar a classe que produz a informação. A classe vetorialista precisa de trabalhadores que estejam constantemente produzindo a informação que irá possuir. Essa produção é feita pela classe hacker que, como toda classe dominada, é posteriormente separada daquilo que produz.

Os bons textos são aqueles com os quais nos deparamos e somos provocados por eles. Aquele que nos move e nos bota para a ação. *Um Manifesto Hacker* foi feito não para concordar com tudo, mas para sair do lugar comum. Isso já tinha sido mostrado na obra mais recente de Wark traduzida para o português *O Capital Está Morto*. Obviamente, ela não argumenta isso *ipsis literis*. Não é esse o ponto. São provocações. Isso não desmerece a construção teórica de Wark, que é feita a partir de colagens e remixagens. E se o remix aparece solto ao longo do texto, o apêndice final dá um total pedagógico e didático ao Manifesto. Afinal, é um Manifesto, não um Tratado.

Um dos pontos sensíveis no livro é a relação com o marxismo. Talvez Marx seja o autor mais citado da obra. O diálogo está presente ali o tempo todo, especialmente em termos da forma-mercadoria para compreender o papel da informação no mundo contemporâneo. A própria noção de classe, reapropriada de uma maneira no mínimo criativa, inspira-se em Marx para ir além dele – e há inúmeras controvérsias se o vetorialismo é ou não útil para se pensar classe. O que está no subtexto é que não há apenas uma maneira de dialogar com Marx – "cuidado, vão tirar sua carteirinha do clube!". Geralmente os que dialogam com Marx com perspectivas "fora do clube" são taxados de "pós-modernos", essa categoria espantalho, quase memética, para todo mundo que foge da cartilha. Wark nos provoca a pensar com Marx e para além de Marx em um puro estilo remix.

Em suma, o diagnóstico do livro, embalado em acidez e ironia, é até mais crítico do que os contumazes marxistas ortodoxos. Vislumbra o papel da informação, dialeticamente, no atual modo de produção, tanto em termos de classes dominantes quanto de possibilidades de *hacks*. O que, por sua vez, se conecta ao cenário atual dos estudos críticos em internet – especialmente a partir de temas como plataformas, dados e inteligência artificial, considerando perspectivas como colonialismo, imperialismo, dependência, capitalismo, e como fazer para subverter essas lógicas. O convite para superar o atual estado das coisas é ainda uma possibilidade mesmo em um cenário mais desfavorável em relação a 2003 no âmbito das tecnologias digitais. O que significa reler *Um Manifesto Hacker* 20 anos depois? Talvez signifique revisitar aspectos tanto de "como chegamos até aqui" quanto de "como fazer as coisas de formas diferentes". Relê-lo considerando as possibilidades e os constrangimentos do tempo atual. O convite está lançado!

CONSIDERAÇÕES SOBRE *UM MANIFESTO HACKER*

McKenzie Wark

Lendo *Um manifesto hacker* novamente depois de muito tempo, agora parece um livro que outra pessoa escreveu e que contém, ao mesmo tempo, não apenas a semente de todo o meu trabalho, mas o padrão da minha vida desde então.

O livro faz pelo menos duas coisas ao mesmo tempo. Em parte é um diagnóstico de um ponto de virada histórico, entendido a nível conceitual. Isso não é mais capitalismo; é algo pior. Essa mutação no modo de produção é global, mas distribuída de forma desigual. Os modos de produção são sempre plurais. Durante muito tempo, o modo dominante poderia ser descrito como capitalismo. Embora o capitalismo certamente ainda exista, não é mais o modo de produção dominante.

Não estou sozinha nesse diagnóstico, mas a maioria das outras tentativas de pensar essa ruptura não entenderam que ela também é uma ruptura de linguagem. Assim, temos tentativas muito insatisfatórias de pensá-lo como pós-capitalismo ou neofeudalismo. Em outras palavras, isso significaria pensar o surgimento de uma nova época apenas em relação à língua antiga. Cada nova era tenta pensar sua novidade na linguagem da era anterior. Eis uma falha linguística a ser superada, e a considero uma das percepções mais importantes de Marx.

Em vez disso, tentei pensar a época em uma linguagem contemporânea a ela. Escrevi *Um manifesto hacker* em uma linguagem inexistente que chamo de "europeia". Essa linguagem imaginária é composta de partes iguais de latim religioso, marxismo, filosofia francesa e inglês comercial. Essas são as linguagens transnacionais da modernidade que me fizeram. A edição em inglês não é a original – também é uma "tradução" que eu mesma fiz dessa língua inexistente. Eu queria começar, pelo menos, com os recursos linguísticos que vários modos de produção sucessivos e sobrepostos infligiram ao mundo por meio da guerra e da colonização. Pensar nessa linguagem e contra ela.

O método de escrita é o que os situacionistas chamavam de desvio (*détournement*). Uma cópia e uma correção da linguagem encontrada. Assim, a primeira linha: "Um duplo assombra o mundo", e toda a tese 001 que se segue, copiei e modifiquei da famosa abertura de *O manifesto comunista*. Toda a linguagem é um bem comum, e pode-se fazer o possível para recusar a forma de propriedade e os nomes próprios de seus proprietários como uma prática de escrita. Sempre me diverte que existam livros que se dizem "radicais" em conteúdos que obedecem às convenções literárias mais conservadoras.

Partindo de um desvio das linguagens transnacionais, *Um manifesto hacker* oferece dois tipos de proposições: algumas se referem à situação estratégica das classes subalternas, como eu a via há 25 anos. Algumas precisam de revisão à luz das lutas desde então. O outro tipo de proposição está menos ligado a circunstâncias imediatas. Um pouco mais inoportuno. Pretendo oferecer algumas reflexões tardias sobre ambos.

Resumidamente, as coisas tomaram um rumo que eu não previ, e que exige uma alternância não só da prática política, mas também da teoria. Georg Lukács disse, em seu ensaio sobre o método marxista, que mesmo que todas as suas descobertas particulares se mostrassem incorretas na prática, a teoria marxista ortodoxa permaneceria correta. Eu tenho exatamente a visão oposta: apenas aquelas descobertas que se comprovam na prática podem ser consideradas parte do "marxismo", que não tem nenhuma teoria essencial - ortodoxa ou não.

Vinte e cinco anos atrás, parecia uma boa tática liberar informações da forma de propriedade. As forças de produção, nesse caso, as forças de produção de informação, ultrapassaram as relações de produção existentes. A produção de informação livre surgiu como uma prática a partir da qual se cria uma produção autônoma de conhecimento. De diferentes maneiras, Adorno e Pasolini se refugiaram da pressão progressiva da mercantilização (*commodification*) em formas culturais e midiáticas residuais, eu fazia parte de um movimento que buscava um espaço de liberdade não mercantilizada em mídias emergentes e formas técnicas.

Embora tenha escrito grande parte de *Um manifesto hacker* isoladamente, no norte do estado de Nova York, eu não estava sozinha. Fiz parte de uma vanguarda que se reuniu em espaços on-line para desenvolver teoria e prática dentro dessas formas emergentes de produção de informação. Tentamos fazer uma teoria, uma arte, uma cultura e uma política, de uma só vez, nesse espaço relativamente livre. Isso foi num tempo antes de a internet se tornar um grande negócio. Sua infraestrutura era mantida principalmente por universidades. Descobrimos que era uma maneira relativamente barata e rápida de se organizar transnacionalmente, de conduzir experimentos, de encontrar afinidades.

Todas as vanguardas são, em certo sentido, vanguardas midiáticas, desde o dadaísmo e o surrealismo até o Fluxus, a tropicália ou os situacionistas. Elas usaram a mídia de seu tempo, da impressão *offset* ao cinema, gravação de som, até mesmo o sistema postal, para criar matrizes transnacionais de invenção formal que eram ao mesmo tempo estéticas, políticas e culturais. Vimo-nos continuando essa prática, mas não meramente repetindo-a. *Um manifesto hacker* é uma teoria dessa prática. Como todas as vanguardas, teve suas facções e dissensões. Meu espaço de afinidade dentro dele girava em torno do grupo nettime.org.

O que para nós era uma prática de vanguarda, rapidamente, e de forma independente, tornou-se um movimento social: *o movimento pela informação livre*. À medida que a internet se tornou uma forma de comunicação mais popular, todos começaram a compartilhar. Como diz a *tese 126* do livro: "A informação quer ser livre, mas está acorrentada por toda parte". (Uma frase que é um desvio de Rousseau e do teórico utópico da internet John Perry Barlow.) Parecia que poderíamos abrir a forma-mercadoria da informação em favor de uma espécie de economia de dádiva (*gift*) abstrata.

Não era pra ser. Os marxistas autonomistas italianos sustentam que toda "inovação" na forma-mercadoria é impulsionada de baixo para cima, na medida em que tenta resolver um antagonismo de classe subordinada contra a forma-mercadoria através de sua recaptura por meio de uma mutação de forma. Foi mais ou menos isso que aconteceu. A classe dominante, que chamo de *classe vetorialista* (*vectorialist*), recuperou a energia do movimento popular pela informação livre, transformando-a em trabalho não remunerado.

Na verdade, é ainda pior do que isso. O capitalismo explora nosso trabalho; enquanto o vetorialismo explora nosso comunismo. Explora nossa necessidade de dar um presente de nossa sociabilidade uns aos outros. A resposta da classe dominante ao movimento social pela informação livre foi a criação de uma forma de propriedade ainda mais abstrata. As relações de produção alcançaram as forças de produção. Esse ciclo agora tem uma extensão adicional, pois a chamada "inteligência artificial" é treinada no vasto tesouro de informações livres que criamos para nós mesmos para desenvolver uma técnica que possa substituir a própria classe hacker.

Sob o capitalismo, as forças de produção se desenvolveram reduzindo o trabalho à repetição e mesmice, e então substituindo o trabalhador por uma máquina que reproduz essa repetição. O que estava além dessa substituição era o hack, a produção da diferença, a atividade distintiva da classe hacker nas artes e nas ciências. O que a classe vetorialista está tentando agora é a substituição da classe hacker por máquinas capazes de fabricar essa diferença. Máquinas que fazem isso mal, mas que, do ponto de vista da classe dominante, são preferíveis, tendo em vista que não podem entrar em greve.

Em suma, a situação é muito pior do que há um quarto de século. Vencemos algumas batalhas, mas perdemos a guerra. O livro que escrevi logo após *Um manifesto hacker*, chamado *Gamer Theory*, já era uma intuição disso. Trata-se do enclausuramento do hack, ali figurado como jogo, em um espaço de jogo global, totalizante. Onde todas as nossas energias coletivas e criativas são direcionadas para formas que podem ser quantificadas, classificadas e ranqueadas. Lamento dizer, mas foi profético.

Revisei ainda mais a perspectiva política de *Um manifesto hacker* em meu livro posterior *Capital is Dead*[2]. Em meu livro *Raving*, ofereci pelo menos uma teoria e prática de onde

[2] A obra foi publicada em português com o título *O capital está morto* pela Editora Funilaria e sobinfluencia edições, em 2022, com tradução de Dafne Melo.

podemos nos esconder. Podemos encontrar uma relação com a técnica na qual, pelo menos, somos capazes de minimizar a captura de nossa energia hacker e obter algum prazer em formas de trabalho inútil.

Ao contrário de alguns teóricos que eu poderia mencionar, não pretendo oferecer "esperança". A perspectiva é ruim. Os movimentos populares viveram uma longa série de derrotas históricas. Estamos em retirada na maioria dos lugares. O benefício de estar em retirada é que há menos oportunistas por perto. Em vez disso, os oportunistas se rebatizaram como os "intelectuais" da reação.

As proposições táticas de *Um manifesto hacker* são de seu tempo. Até que ponto as proposições teóricas precisam ser abandonadas ou modificadas não cabe a mim dizer. Ainda acho o livro infinitamente produtivo, pelo menos para meu próprio trabalho e até para minha vida. Olhando para trás, encontro as sementes de todos os meus livros subsequentes. A série de livros que relê e recupera certas práticas marxistas e de vanguarda que se cruzam, por exemplo: *The Beach Beneath the Street, The Spectacle of Disintegration* e *Molecular Red*. Ou a série de livros que lê outras teorias contemporâneas de forma camarada: *General Intellects* e *Sensoria*.

Até encontro uma conexão com os livros que escrevi no processo de me assumir como transexual: *Philosophy for Spiders, Reverse Cowgirl* e *Love and Money, Sex and Death*. Há um conceito de natureza como diferença, natureza hackeável, que prefigura o hackeamento do meu próprio corpo, a produção da diferença *na* e *como* minha própria carne.

Certamente existem conceitos que ainda considero úteis em *Um manifesto hacker*, sendo a natureza como diferença apenas um exemplo. A sua contraposição da expressão à representação, a sua alergia às identidades e aos invólucros. Isso me parece uma crítica antecipada ao ressurgimento do sentimento fascista. Ou a intuição de que a sobrevivência planetária no Antropoceno pode exigir uma superação da subordinação da produção à reprodução da mesmice da forma-propriedade. Que pode, de fato, haver uma técnica potencial que é mais abstrata que, e não recuperável dentro, da própria propriedade.

O que prezo mais do que a teoria neste livro é a prática, que mais tarde vim a chamar de baixa teoria (*low theory*). A baixa teoria é a prática de fazer teoria *em* e *com* um movimento social, uma vanguarda ou um projeto comunitário de resistência minorizada. A baixa teoria pode recorrer aos recursos da alta teoria, que às vezes se autodenomina filosofia, mas que na maioria das vezes é apenas erudição sobre filosofia. A universidade tem sido um lugar onde poderíamos conseguir empregos, mas os prêmios brilhantes de reconhecimento acadêmico não são o objetivo da baixa teoria. A baixa teoria acontece em uma temporalidade diferente, a das tendências históricas, conjunturas políticas, situações culturais, não a do sistema semestral.

Talvez o melhor sinal de que o livro ainda tem utilidade é que eu o considero plagiado com frequência – o que acho divertido quando assume a forma de um desvio (*détournement*) engenhoso. De qualquer forma, fico feliz em ver que ainda fala a muitos tipos diferentes de leitores, em muitas partes diferentes do mundo. Perdi a conta do número de idiomas em que você pode encontrá-lo. *É um livro que foi feito para ser hackeado.*

Brooklyn, Nova York, julho de 2023

ABSTRAÇÃO

[001] Um duplo assombra o mundo, o duplo da abstração. A fortuna de Estados e exércitos, empresas e comunidades depende dela. Todas as classes rivais, sejam elas dominantes ou dominadas, reverenciam-na – mas a temem. O nosso mundo se aventura cegamente no novo fazendo figas com os dedos.

[002] Todas as classes temem essa incansável abstração do mundo, da qual ainda depende sua fortuna. Todas menos uma: a classe hacker. Nós somos hackers da abstração. Produzimos novos conceitos, novas percepções, novas sensações, extraídas (*hacket out*) de dados brutos. Seja qual for o código que hackeamos – linguagem de programação, linguagem poética, matemática ou música, curvas ou cores – somos criadores de novos mundos. Quer venhamos a nos representar como pesquisadores, quer como autores, artistas ou biólogos, químicos ou músicos, filósofos ou programadores, cada uma dessas subjetividades é apenas um fragmento de uma classe que ainda está se tornando, pouco a pouco, consciente de si mesma.

[003] E, no entanto, ainda não sabemos bem quem somos. É por isso que este livro busca manifestar nossas origens, propósito e interesses. *Um manifesto hacker*: Não é o único manifesto, pois é da natureza do hacker diferir dos outros, diferir até de si mesmo, ao longo do tempo. Hackear é diferir. *Um manifesto hacker* não pode pretender representar o que recusa representação.

[004] Os hackers criam a possibilidade de coisas novas entrarem no mundo. Nem sempre grandes coisas, ou mesmo

coisas boas, mas coisas novas. Na arte, na ciência, na filosofia e na cultura, em qualquer produção de conhecimento na qual dados podem ser coletados, de onde informações possam ser extraídas e, nessa informação, novas possibilidades para o mundo possam ser produzidas, existem pessoas hackeando o novo a partir do velho. Enquanto criamos esses novos mundos, não os possuímos. Aquilo que criamos está hipotecado a outros, e aos interesses de outros, a Estados e corporações que monopolizam os meios para criar mundos que descobrimos sozinhos. Não possuímos o que produzimos – somos possuídos pelo que produzimos.

[005] Os hackers usam seu conhecimento e sua perspicácia para manter sua autonomia. Alguns pegam o dinheiro e fogem. (Devemos viver com nossas concessões.) Alguns se recusam a fazer concessões. (Vivemos o melhor que podemos.) Com muita frequência, aqueles de nós que seguem um desses caminhos ressentem-se daqueles que seguem o outro. Um grupo se ressente da prosperidade que lhe falta, o outro se ressente da liberdade que lhe falta para hackear pelo mundo livremente. O que escapa à classe hacker é uma expressão mais abstrata de seus interesses enquanto classe e de como esses interesses pode atender aos de outras pessoas no mundo.

[006] Hackers não são carpinteiros. Muitas vezes não estamos dispostos a submergir nossa singularidade. O que os tempos pedem é um hack coletivo que realize um interesse de classe baseado em um alinhamento de diferenças ao invés de uma unidade coercitiva. Os hackers são uma classe, mas uma classe abstrata. Uma classe que faz abstrações e uma classe tornada abstrata. Abstrair os hackers como uma classe é abstrair o próprio conceito de classe. O slogan da classe

hacker não é os "trabalhadores do mundo unidos", mas "mecanismos do mundo desamarrados"[3].

[007] Em todo lugar reina a abstração, a abstração concretizada. Em todo lugar, as linhas retas e as curvas puras da abstração ordenam matérias ao longo de vetores complexos mas eficientes. Mas onde a educação ensina o que se pode produzir com uma abstração, o conhecimento mais útil para a classe hacker é como as próprias abstrações são produzidas. Deleuze: "os Universais não explicam nada, eles próprios devem ser explicados".*[4]

[008] A abstração pode ser descoberta ou produzida, pode ser material ou imaterial, mas abstração é o que todo hack produz e afirma. Abstrair é construir um plano sobre o qual matérias diferentes e não relacionadas podem ser colocadas em muitas relações possíveis. Abstrair é expressar a virtualidade da natureza, dar a conhecer alguma instância de suas possibilidades, atualizar uma relação a partir da relacionalidade infinita, manifestar o múltiplo.

[009] A história é a produção da abstração e a abstração da produção. O que faz a vida diferir em uma era após a outra é a aplicação de novos modos de abstração à tarefa de arrancar liberdade da necessidade. A história é o virtual tornado real, um hack após o outro. A história é a diferenciação qualitativa e cumulativa da natureza, conforme é hackeada.

[3] N. do T.: no original, a autora faz um jogo de palavras. "The slogan of the hacker class is not the workers of the world united, but the workings of the world untied".

[4] Nota da Edição: as editoras optaram por manter a forma da escrita da autora, que marca sempre com asteriscos as citações diretas. Essas citações se referem às numerações e notas contidas no capítulo "Escritos", que encerra a obra.

[010] Da abstração da natureza vem sua produtividade e a produção de um excedente (*surplus*) além das necessidades de sobrevivência. Desse excedente crescente sobre a necessidade de sobrevivência surge uma capacidade também crescente de hackear, repetidas vezes, produzindo mais abstrações, mais produtividade, mais liberação da necessidade – pelo menos em potencial. Mas o hackeamento da natureza, a produção de excedente, não nos torna livres. Repetidamente, surge uma classe dominante que controla o excedente sobre a necessidade básica e impõe novas necessidades àqueles povos que produzem esse mesmo meio de escapar da necessidade.

[011] O que torna nossos tempos diferentes é o surgimento no horizonte de possibilidade de um novo mundo, há muito imaginado – um mundo livre da necessidade. A produção de abstração atingiu o limiar capaz de quebrar as algemas que prendem o hackeamento a interesses de classe ultrapassados e regressivos de uma vez por todas. De acordo com Debord: "O mundo possui já o sonho de um tempo. Para vivê-lo de fato, deve agora possuir consciência dele."*

[012] A invenção é a mãe da necessidade. Enquanto todos os Estados dependem da abstração para a produção de sua riqueza e poder, a classe dominante – de qualquer Estado – tem uma relação difícil com a produção de novas formas de abstração. A classe dominante procura sempre controlar a inovação e direcioná-la para seus próprios fins, privando o hacker do controle de sua criação e, assim, negando ao mundo como um todo o direito de administrar seu próprio desenvolvimento.

[013] A produção de novas abstrações sempre ocorre entre aqueles separados pelo ato de hackear. Nós, outros, que

hackeamos novos mundos a partir do antigo, no processo, nos tornamos não apenas estranhos apartados, mas uma classe à parte. Embora reconheçamos nossa existência distinta como um grupo, como programadores, artistas, escritores, cientistas ou músicos, raramente vemos essas formas de nos representarmos como meros fragmentos de uma experiência de classe. Geeks e loucos (*freaks*) tornam-se o que são de forma negativa, através da exclusão de outros. Juntos, formamos uma classe, uma classe ainda a hackear a si própria para existir como ela mesma – e para si mesma.

[014] É por meio do abstrato que o virtual é identificado, produzido e liberado. O virtual não é apenas o potencial latente na matéria, é o potencial do potencial. Hackear é produzir ou aplicar o abstrato à informação e expressar a possibilidade de novos mundos, para além da necessidade.

[015] Todas as abstrações são abstrações da natureza. As abstrações liberam o potencial do mundo material. E, no entanto, a abstração depende da qualidade mais curiosa do mundo material – a informação. A informação pode existir independentemente de uma dada forma material, mas não pode existir sem qualquer forma material. É, ao mesmo tempo, material e imaterial. O hack depende das qualidades materiais da natureza e, ao mesmo tempo, descobre algo independente de uma dada forma material específica. É, simultaneamente, material e imaterial. Descobre a virtualidade imaterial do material, suas qualidades de informação.

[016] A abstração é sempre uma abstração da natureza, um processo que cria o duplo da natureza, uma segunda natureza. Um espaço da existência humana em que a vida coletiva

habita entre seus próprios produtos e toma por natural o ambiente que produz.

[017] A terra é o desprendimento de um recurso da natureza, um aspecto do potencial produtivo da natureza tornado abstrato, na forma de propriedade. O capital é o destacamento de um recurso da terra, um aspecto do potencial produtivo da terra tornado abstrato na forma de propriedade. A informação é o destacamento de um recurso do capital já destacado da terra. É o duplo de um duplo. É um outro processo de abstração além do capital, mas que, outra vez, produz sua existência separada, na forma de propriedade.

[018] Assim como o desenvolvimento da terra, como um recurso produtivo, cria os avanços históricos para sua abstração na forma de capital, o desenvolvimento do capital fornece os avanços históricos para a abstração posterior da informação, na forma de "propriedade intelectual". Nas sociedades tradicionais, a terra, o capital e a informação estavam ligados a determinados poderes sociais ou regionais, por meio de laços consuetudinários ou hereditários. O que a abstração extrai (*hacks out*) da velha carcaça feudal é uma liberação desses recursos baseada em uma forma mais abstrata de propriedade, um direito universal à propriedade privada. Essa forma abstrata universal abrange primeiro a terra, depois o capital e, agora, a informação.

[019] Quando a abstração da propriedade libera recursos produtivos, produz ao mesmo tempo uma divisão de classes. A propriedade privada estabelece uma classe ruralista, que possui a terra, e uma classe de trabalhadores agrícolas, despossuída. Do povo, a abstração da propriedade privada expulsa o seu

tradicional direito comunal à terra e cria uma classe despossuída, que se torna a classe trabalhadora à medida que é colocada para laborar por uma outra classe, em plena ascensão, de proprietários dos meios materiais de produção, a chamada classe capitalista. Esta classe trabalhadora torna-se a primeira a considerar, seriamente, a noção de derrubar o domínio de classe, mas falha nessa tarefa histórica na medida em que a forma de propriedade ainda não é abstrata o suficiente para liberar a virtualidade de uma sociedade sem classes, que está latente nas energias produtivas da própria abstração.

[020] É sempre o hack que cria uma nova abstração. Com o surgimento de uma classe hacker, a taxa de produção de abstrações se acelera. O reconhecimento da propriedade intelectual como uma forma de propriedade - em si uma abstração, um hack legal - cria uma classe de criadores de propriedade intelectual. Mas essa classe ainda trabalha em benefício de outra, a cujos interesses os seus próprios estão subordinados. À medida que a abstração da propriedade privada se estende à informação, a classe hacker enquanto tal é produzida enquanto classe capaz de fazer de suas inovações, na abstração, uma forma de propriedade. Ao contrário de trabalhadores rurais e operários, os hackers não foram totalmente despojados de seus direitos de propriedade, mas ainda devem vender sua capacidade de abstração para uma classe que possui os meios de produção, a classe vetorialista – que é a classe dominante em ascensão do nosso tempo.

[021] A classe vetorialista trava uma luta intensa para desapropriar a classe hacker de sua propriedade intelectual. Patentes e direitos autorais acabam nas mãos não de seus criadores, mas de uma classe vetorial que possui meios de

realizar o valor dessas abstrações. A classe vetorialista luta para monopolizar a abstração. Para ela, "a política diz respeito ao controle absoluto sobre a propriedade intelectual por meio de estratégias de comunicação, controle e comando semelhantes à guerra."* Os hackers se veem despojados tanto individualmente, quanto como classe.

[022] À medida que a classe vetorialista consolida seu monopólio sobre os meios de realizar o valor da propriedade intelectual, confronta a classe hacker cada vez mais como uma classe antagonista. Hackers vêm para lutar contra as cobranças abusivas que os vetorialistas praticam pelo acesso à informação, que é produzida coletivamente pelos hackers, mas apropriada pelos vetorialistas. Contra as formas particulares nas quais a abstração é mercantilizada e transformada em propriedade privada da classe vetorialista. A classe hacker vem para reconhecer que seu interesse é melhor expresso através da luta para libertar a produção de abstração e não apenas os grilhões particulares desta ou daquela forma de propriedade. A classe hacker vem para abstrair a própria forma de propriedade.

[023] Já passou o tempo em que hackers deveriam se unir aos operários e trabalhadores rurais – com todos produtores do mundo – para liberar recursos produtivos e inventivos do mito da escassez. Já passou do tempo de criar novas formas de associação que possam afastar o mundo de sua destruição por meio da exploração mercantilizada. Os maiores hacks de nosso tempo podem vir a ser formas de organizar a livre expressão coletiva, de modo que, a partir de agora, a abstração esteja a serviço do povo, e não o povo a serviço da classe dominante.

CLASSE

[024] Surge uma classe – a classe trabalhadora – capaz de questionar a necessidade da propriedade privada. Surge um partido, dentro do movimento operário, que pretende atender aos anseios da classe trabalhadora – os comunistas. Como escreve Marx, "todos estes movimentos colocam em destaque, como fundamental, a questão da propriedade e qualquer que seja a forma, mais ou menos desenvolvida, de que ela se revista". Esta foi a resposta que os comunistas propuseram à questão da propriedade: "centralizar todos os instrumentos de produção nas mãos do Estado."* Tornar a propriedade um monopólio do Estado apenas produziu uma nova classe dominante e uma luta de classes nova e mais brutal. Mas essa é a nossa resposta final? Talvez o curso da luta de classes ainda não tenha terminado. Talvez haja uma outra classe que possa abrir a questão da propriedade de uma nova maneira – e, ao manter a questão em aberto, acabar de uma vez por todas com o monopólio das classes dominantes nos fins da história.

[025] Há uma dinâmica de classe dirigindo cada estágio do desenvolvimento deste mundo vetorial no qual nos encontramos agora. A classe vetorialista está levando este mundo à beira do desastre, mas, também, tornando possível os recursos para superar essas suas próprias tendências destrutivas. Nas três fases sucessivas de mercantilização, surgem classes dominantes bastante diferentes, usurpando diferentes formas de propriedade privada. Cada classe dominante, por sua vez, conduz o mundo para fins crescentemente abstratos.

[026] Primeiro surge uma classe ruralista. Dispersam a grande massa de camponeses que tradicionalmente trabalhavam na terra sob o domínio dos senhores feudais. Ruralistas suplantam os senhores feudais, liberando a produtividade da natureza que reivindicam como sua propriedade privada. É essa privatização da propriedade – um hack legal – que cria as condições para que os outros hacks através dos quais a terra é levada a produzir excedente. Um mundo vetorial ergue-se sobre os ombros do hack agrícola.

[027] À medida que novas formas de captação permitem produzir excedentes da terra com cada vez menos trabalhadores, os ruralistas os despedem de suas terras, privando-os de seu meio de subsistência. Trabalhadores rurais despossuídos procuram trabalho e um novo lar nas cidades. O capital os coloca para trabalhar em suas fábricas, tornando-os então, operários. O capital, como propriedade, dá origem a uma classe de capitalistas que possuem os meios de produção e a uma classe de trabalhadores urbanos, despossuídos desses instrumentos – e por conta deles. Seja como operários ou trabalhadores do campo, produtores diretos se veem despojados não apenas de suas terras, mas da maior parte do excedente que produzem, que se acumula para ruralistas na forma de renda, como rendimento da terra, e para capitalistas na forma de lucro como rendimento sobre o capital.

[028] Trabalhadores rurais despossuídos de terras tornam-se operários apenas para serem novamente destituídos. Tendo perdido sua agricultura, perdem, dessa vez, sua cultura humana. O capital produz em suas fábricas não apenas as necessidades da existência, mas um modo de vida que espera que seus trabalhadores consumam. A vida mercantilizada

desapropria o trabalhador das informações tradicionalmente transmitidas fora do reino da propriedade privada – enquanto cultura, enquanto legado de uma geração para a outra – e as substituem por informações na forma-mercadoria.

[029] A informação, como a terra ou o capital, torna-se uma forma de propriedade monopolizada por uma classe, a classe de vetorialistas, chamados dessa forma porque controlam os vetores diante dos quais a informação é abstraída. Assim como os capitalistas controlam os meios materiais, com os quais os bens são produzidos, e os ruralistas controlam a terra, com a qual os alimentos são produzidos. A informação, a princípio propriedade coletiva das classes produtivas, torna-se propriedade particular de uma outra classe apropriadora.

[030] Como os antigos camponeses se tornaram trabalhadores rurais por meio da apropriação de terras que, antes, eram de sua propriedade, ainda mantêm alguma autonomia sobre a disposição de seu tempo de trabalho. Já os operários, mesmo que não possuam capital e sejam obrigados a trabalhar de acordo com o relógio e seu tempo impiedoso, poderiam ao menos lutar para reduzir a jornada de trabalho e liberar o tempo livre do labor. A informação circulava na cultura da classe trabalhadora como propriedade pública de todos. Mas quando a informação, por sua vez, torna-se uma forma de propriedade privada, os trabalhadores são dela despojados e devem comprar de volta a própria cultura de seus novos proprietários, a classe vetorialista. O agricultor torna-se um operário, e o operário, vê-se em uma condição análoga à escravidão. O mundo inteiro fica sujeito à extração de um excedente das classes produtoras, controlado pelas classes dominantes que o utilizam apenas para reproduzir e expandir

essa matriz de exploração. O próprio tempo se torna uma experiência mercantilizada.

[031] As classes produtivas – agricultores, trabalhadores, hackers – lutam contra as classes expropriadoras – ruralistas, capitalistas, vetorialistas – mas essas sucessivas classes dominantes lutam também entre si. Os capitalistas tentam quebrar o monopólio rural da terra e subordinar a sua produção à produção industrial. Os vetorialistas tentam quebrar o monopólio do capital sobre o processo de produção e subordinar a produção de bens à circulação de informações: "O domínio privilegiado do espaço eletrônico controla a logística física da produção, uma vez que a liberação de matérias-primas e produtos manufaturados requer o consentimento e a direção eletrônica."*

[032] O fato de a classe vetorialista ter substituído o capital como a classe exploradora dominante pode ser visto pela forma em que as principais corporações assumem. Essas empresas se despojam de sua capacidade produtiva, já que esta deixa de ser fonte de poder. Dependem de uma massa competitiva de empreiteiros capitalistas para a fabricação de seus produtos. Seu poder reside em monopolizar a propriedade intelectual – patentes, direitos autorais e marcas registradas – e os meios de reproduzir seu valor – os vetores de comunicação. A privatização da informação torna-se o aspecto dominante, e não subsidiário, da vida mercantilizada: "Existe uma certa lógica nessa progressão: primeiro, um seleto grupo de fabricantes transcende sua conexão com produtos terrestres, então, com o marketing elevado como o pináculo de seus negócios, tentam alterar o status social do marketing como uma interrupção comercial e substituí-lo por uma integração perfeita."* Com a ascensão da classe vetorial, o mundo vetorial se completa.

[033] À medida que a propriedade privada avança da terra para o capital e para a informação, a própria propriedade se torna mais abstrata. O capital, como propriedade, liberta a terra de sua rigidez espacial. A informação, enquanto propriedade, liberta o capital de sua fixação em um objeto particular. Essa abstração da propriedade torna a própria propriedade algo passível de inovação acelerada – e conflito. O conflito de classes se fragmenta, mas se insinua em toda e qualquer relação que se torne uma relação de propriedade. A questão da propriedade, base da classe, torna-se a questão colocada em todos os lugares, de tudo. Se a "classe" parece ausente para os apologistas de nosso tempo, não é porque se tornou apenas mais uma em uma série de antagonismos e articulações, mas, ao contrário, é porque se tornou o princípio estruturante do plano vetorial, que organiza o jogo de identidades como diferenças.

[034] A classe hacker, produtora de novas abstrações, torna-se mais importante para cada sucessiva classe dominante, pois cada uma depende cada vez mais da informação como recurso. A terra não pode ser reproduzida à vontade. A boa terra presta-se à escassez, e a abstração da propriedade privada é quase suficiente por si só para proteger os aluguéis da classe ruralista. Os lucros do capital repousam sobre meios de produção reprodutíveis mecanicamente, suas fábricas e estoques. A empresa capitalista, às vezes, precisa que o hacker refine e avance nas ferramentas e técnicas de produção para se manter a par da concorrência. A informação é o objeto mais facilmente reproduzível já capturado na abstração da propriedade. Nada protege o negócio vetorialista de seus concorrentes, a não ser sua capacidade de transformar qualitativamente a informação que possui e dela extrair novo valor. Os serviços da classe hacker tornam-se indispensáveis

para uma economia cada vez mais dispensável – uma economia de propriedade e escassez.

[035] À medida que os meios de produção tornam-se mais abstratos, o mesmo acontece com a forma de propriedade. A propriedade tem de se expandir para conter formas cada vez mais complexas de diferença e reduzi-la à equivalência. Para tornar a terra equivalente, basta traçar seus limites e criar um meio de atribuí-la como objeto a um sujeito. Complexidades surgirão, naturalmente, dessa imposição antinatural na superfície do mundo, embora o princípio seja uma simples abstração. Mas para que algo seja representado como propriedade intelectual, não basta que esteja em um local diferente. Deve ser qualitativamente diferente. Essa diferença, que possibilita um direito autoral ou uma patente, é obra da classe hacker. A classe hacker faz o que Bateson chama de "a diferença que faz a diferença."* A diferença que impulsiona a abstração do mundo, mas que também impulsiona a acumulação de poder de classe nas mãos da classe vetorial.

[036] A classe hacker surge da transformação da informação em propriedade, na forma de propriedade intelectual. Esse hack legal faz do hackeamento um processo de produção de propriedade e, portanto, um processo de produção da própria classe. O hack produz a força de classe capaz de fazer – e responder – a questão da propriedade, ou seja, a classe hacker. A classe hacker é a classe com a capacidade de criar não apenas novos tipos de objeto e sujeito no mundo, novos tipos de forma de propriedade em que podem ser representados, mas novos tipos de relação, com propriedades imprevistas que questionam a própria forma da propriedade. A classe hacker se realiza como

classe quando hackeia a abstração da propriedade e supera as limitações das formas até então existentes de propriedade.

[037] A classe hacker pode ficar lisonjeada com a atenção dispensada a ela por capitalistas em comparação aos ruralistas, e vetorialistas em comparação aos capitalistas. Hackers tendem a se aliar a cada turno com a forma mais abstrata de propriedade e relação de mercadoria, mas logo sentem o domínio restritivo de cada classe dominante, pois estas asseguram seu domínio sobre seus predecessores e rivais e podem renegar as concessões que estenderam aos hackers enquanto classe. A classe vetorialista, em particular, sairá de seu caminho para cortejar e cooptar a produtividade dos hackers, mas apenas por causa de sua dependência atenuada da nova abstração como motor da competição entre os interesses vetoriais. Quando os vetorialistas agem em conjunto, como uma classe, é para submeter o hackeamento às prerrogativas de seu poder classista.

[038] O mundo vetorial é dinâmico. Coloca novas abstrações para funcionar, produzindo novas liberdades a partir da necessidade. A direção dessa luta não é dada no curso das coisas, mas determinada pela luta entre as classes. Todas as classes entram em relações de conflito, conluio e compromisso. Suas relações não são necessariamente dialéticas. As classes podem formar alianças de interesse mútuo contra outras classes ou podem chegar a um "compromisso histórico" por um determinado período de tempo. No entanto, apesar de pausas e contratempos, a luta de classes leva a história à abstração e a abstração à história.

[039] Às vezes o capital forma uma aliança com os ruralistas, e as duas classes efetivamente se fundem sob a liderança

do interesse capitalista. Às vezes, o capital forma uma aliança com os operários contra a classe de proprietários rurais, uma aliança rapidamente quebrada quando a dissolução da classe ruralista é alcançada. Essas lutas deixam suas marcas na forma histórica do Estado, que mantém a dominação de interesses da classe dominante e, ao mesmo tempo, delibera entre os representantes das classes concorrentes.

[040] A história é cheia de surpresas. Às vezes, operários formam uma aliança com trabalhadores rurais, que socializam a propriedade privada e a colocam nas mãos do Estado, enquanto liquidam as classes ruralistas e capitalistas. Nesse caso, o Estado torna-se uma classe coletiva de proprietários de terras rurais e capitalistas, e exerce o poder de classe sobre uma economia mercantilizada organizada em bases burocráticas ao invés de competitivas.

[041] A classe vetorialista emerge de Estados competitivos, e não de Estados burocráticos. As condições competitivas impulsionam a busca pela abstração produtiva de forma mais eficaz. O desenvolvimento de formas abstratas de propriedade intelectual cria a autonomia relativa na qual a classe hacker é capaz de produzir abstrações – embora essa produtividade seja limitada pela forma-mercadoria

[042] Uma coisa une ruralistas, capitalistas e vetorialistas: a santidade da forma de propriedade em que o poder de classe depende. Cada uma depende de formas de abstração que podem comprar e possuir, mas não produzem. Cada uma passa a depender da classe hacker, que encontra novas maneiras de tornar a natureza produtiva, descobre novos padrões nas informações geradas pela natureza e pela segunda natureza,

produz novas abstrações por meio das quais a natureza pode criar mais de uma segunda natureza – talvez até uma terceira.

[043] A classe hacker, sendo numericamente pequena e não possuindo os meios de produção, encontra-se presa entre uma política das massas, que vem de baixo, e uma política dos governantes, de cima. E deve barganhar o melhor que puder ou fazer o que faz de melhor – extrair (*hack out*) uma nova política, além dessa oposição. A longo prazo, os interesses da classe hacker estão de acordo com aqueles que mais se beneficiariam com o avanço da abstração, ou seja, aquelas classes produtivas despojadas dos meios de produção – trabalhadores rurais e operários. No esforço de concretizar essa possibilidade, a classe hacker hackeia a própria política, criando uma nova, transformando a política de massa em uma da multiplicidade, na qual todas as classes produtivas podem expressar sua virtualidade.

[044] O interesse hacker não pode facilmente fazer alianças com formas de política de massa que subordinam as diferenças minoritárias à unidade em ação. A política de massa sempre corre o risco de suprimir a força criativa e abstrata da interação das diferenças. O interesse hacker não está na representação de massa, mas em uma política mais abstrata, que expressa a produtividade das diferenças. Hackers, que produzem muitas classes de conhecimento a partir de muitas classes de experiência, também têm o potencial de produzir um novo conhecimento de formação e ação de classe quando trabalham em conjunto com a experiência coletiva de todas as classes produtivas.

[045] Uma classe não é o mesmo que sua representação. Na política, é preciso ter cuidado com as representações tidas como

classes, que dão conta apenas da fração de uma classe e não expressam seus múltiplos interesses. As classes não têm vanguardas que falem por elas. Expressam-se igualmente em todos os seus múltiplos interesses e ações. A classe hacker não é o que é; a classe hacker é o que não é – ela é o que pode se tornar.

[046] Por meio do desenvolvimento da abstração, a liberdade ainda pode ser arrancada da necessidade. A classe vetorialista, como suas predecessoras, busca vincular a abstração à produção de escassez e margem, e não à abundância e à liberdade. A formação da classe hacker como classe ocorre exatamente neste momento em que a liberdade da necessidade e da dominação de classe aparece no horizonte como uma possibilidade. Negri: "O que é esse mundo de crise política, ideológica e produtiva, esse mundo de sublimação e circulação incontrolável? O que é, então, senão um salto que marca época além de tudo o que a humanidade experimentou até agora? Constitui ao mesmo tempo a ruína e o novo potencial de todo significado."* Tudo que é preciso é hackear a classe hacker como classe, uma classe capaz de hackear a propriedade, que é o grilhão de todos os meios de produção e da produtividade do sentido.

[047] A luta de classes determinou até agora a disposição do excedente, o regime de escassez e a forma como a produção cresce. Mas agora as apostas são muito maiores. Sobrevivência e liberdade estão no horizonte ao mesmo tempo. As classes dominantes transformam não apenas as classes produtivas em um recurso instrumental, mas a própria natureza, a ponto de a exploração de classe e a exploração da natureza se tornarem a mesma objetificação insustentável. O potencial de um mundo dividido em classes para produzir sua própria superação não vem tão cedo.

EDUCAÇÃO

[048] Educação é escravidão. A educação acorrenta a mente e a torna um recurso para o poder de classe. A natureza da escravização refletirá o estado atual da luta de classes pelo conhecimento, dentro do aparato da educação.

[049] A classe de proprietários rurais resiste à educação, a não ser como doutrinação pela obediência. Seu interesse pela educação se restringe aos pastores que policiam a moral das ovelhas, que essa classe tenta inculcar no rebanho humano encarregado de cuidar de seus grãos – e de suas ovelhas.

[050] Quando o capital exige "mãos" para fazer seu trabalho sujo, a educação apenas treina mãos úteis para cuidar de máquinas e corpos dóceis para aceitar como natural a ordem social em que se encontram. Quando o capital requer cérebros, tanto para executar suas operações cada vez mais complexas quanto para se dedicar ao trabalho de consumir seus produtos, mais tempo gasto na prisão da educação é necessário para admissão nas fileiras da classe trabalhadora remunerada. Quando o capital descobre que muitas tarefas podem ser executadas por empregados temporários com pouco treinamento, a educação se divide em um sistema mínimo destinado a ensinar servilismo aos trabalhadores mais pobres e um sistema competitivo que oferece aos trabalhadores mais brilhantes um caminho para a ladeira escorregadia da segurança e do consumo. Quando a classe dominante prega a necessidade de uma educação, invariavelmente significa uma educação na necessidade.

[051] A chamada "classe média" consegue seu acesso privilegiado ao consumo e à segurança por meio da educação, na qual é obrigada a investir parte substancial de sua renda, adquirindo como propriedade um diploma que representa o lamentável fato de que "o candidato consegue tolerar tédio e sabe seguir regras."* Mas a maioria continua sendo trabalhadora, embora colete informações em vez de colher algodão ou dobrar metal. Essas pessoas trabalham em fábricas, mas são treinadas a pensar nelas como escritórios. Levam remuneração para casa, mas são treinadas a pensar nisso como um salário. Usam uniforme, mas são treinadas a pensar nele como um terno. A única diferença é que a educação as ensinou a dar nomes diferentes aos instrumentos de exploração e a desprezar aqueles de sua própria classe que nomeiam de maneira diferente.

[052] A educação é organizada como um mercado de prestígio, no qual algumas qualificações escassas fornecem acesso ao trabalho mais bem pago, e tudo mais se arranja em uma pirâmide de prestígio e preço abaixo. A escassez infecta o sujeito com o desejo de estudar como algo que lhe confira uma habilidade mágica para ganhar um "salário" com o qual se pode adquirir ainda mais coisas. Através do instrumento da escassez e do racionamento hierárquico da educação, trabalhadores são persuadidos a ver a educação como a classe dominante gostaria que vissem – um privilégio.

[053] Os trabalhadores têm um interesse genuíno na educação que garante o emprego. Desejam uma educação que contenha pelo menos algum conhecimento, mas muitas vezes concebida em termos de oportunidade de trabalho. Capitalistas também podem ser ouvidos reivindicando

educação para o trabalho. Mas onde os trabalhadores têm interesse na educação que lhes dá alguma capacidade de se mover entre empregos e indústrias, preservando assim alguma autonomia, os capitalistas exigem uma redução da educação aos seus elementos vocacionais mais funcionais, à necessidade básica compatível com uma determinada função.

[054] O proletariado da informação - infoproletariado - está fora dessa demanda por educação como uma forma de escravidão que antecipa a vida do assalariado. Incorporam uma consciência de classe residual e antagônica e resistem à escravidão da educação. Sabem muito bem que o capital tem pouca utilidade para eles, exceto como escravos de mais baixa remuneração. Sabem muito bem que os acadêmicos e a mídia os tratam como objetos para sua curiosidade ociosa. Os infoproletários ressentem-se da educação e vivem do conhecimento das ruas. Eles logo são conhecidos pela polícia.

[055] A classe hacker tem uma relação ambivalente com a educação. Hackers desejam conhecimento, não educação. O hacker surge através da pura liberdade do conhecimento em si. Isso o coloca em uma relação antagônica com a luta da classe capitalista para fazer da educação uma indução à escravidão assalariada.

[056] Hackers podem não entender as diferentes relações que os trabalhadores têm com a educação e podem cair na cultura educacional elitista e hierárquica, que apenas reforça sua escassez e seu valor econômico. O hacker pode ser ludibriado pelas lisonjas do prestígio e colocar a virtualidade a serviço do conformismo, o elitismo profissional no lugar da experiência coletiva e afastar-se da cultura emergente da

classe hacker. Isso acontece quando hackers fetichizam o que sua educação representa, em vez de se expressarem por meio do conhecimento.

[057] Educação não é conhecimento. Tampouco é o meio necessário para adquirir conhecimento. O conhecimento pode surgir com a mesma facilidade da vida cotidiana. A educação é a organização do conhecimento dentro dos limites da escassez, sob o signo da propriedade. A educação transforma os sujeitos que adentram em seus portais em objetos de poder de classe, elementos funcionais que internalizaram sua disciplina. A educação transforma aqueles que resistem à sua objetivação em objetos conhecidos e monitorados de outros regimes de objetivação – a polícia e o policiamento *soft* do Estado disciplinar. A educação produz a subjetividade que se confunde com a objetividade da produção mercantilizada. Pode-se adquirir educação, como se fosse uma coisa, mas para tornar-se conhecedor, é preciso um processo de transformação. O conhecimento, como tal, é sempre apenas parcialmente capturado pela educação. O conhecimento como prática sempre escapa e supera a educação. "Não há propriedade no pensamento, nem identidade própria, nem propriedade subjetiva."*

[058] O hack expressa o conhecimento em sua virtualidade, ao produzir novas abstrações que não necessariamente se enquadram no regime disciplinar que está gerindo e mercantilizando a educação. O conhecimento em sua forma mais abstrata e produtiva pode ser raro, mas essa raridade nada tem a ver com a escassez que lhe é imposta pela mercantilização e hierarquia da educação. A raridade do conhecimento expressa a multiplicidade esquiva da própria natureza, que

se recusa a ser disciplinada. A natureza se desdobra em seu próprio tempo.

[059] Hackers precisam de aliados em sua luta pelo coração e pela alma do aparato de aprendizado. Ao abraçar as demandas de classe dos trabalhadores por conhecimento, que os equipam com a astúcia e a habilidade para trabalhar neste mundo, hackers podem romper o elo entre as demandas da classe capitalista, pela criação de ferramentas para seu próprio uso, e as dos trabalhadores, por conhecimentos práticos úteis para suas vidas. Isso pode ser combinado com um conhecimento baseado na autocompreensão do trabalhador como membro de uma classe com interesses de classe.

[060] As culturas da classe trabalhadora, mesmo em sua forma mercantilizada, ainda contêm uma sensibilidade de classe útil como base para um autoconhecimento coletivo. O hacker que trabalha na educação tem o potencial de reunir e propagar essa experiência ao abstraí-la como conhecimento. A virtualidade do cotidiano é a alegria das classes produtivas. A virtualidade da experiência do conhecimento é a alegria que o hacker expressa através do hack. A classe hacker só se enriquece com a descoberta do conhecimento latente na experiência da vida cotidiana do trabalho, que pode ser abstraído de sua forma mercantilizada e expresso em sua virtualidade.

[061] Compreender e abraçar a cultura de classe e os interesses da classe trabalhadora pode promover o interesse hacker em muitos sentidos. Pode fornecer um corpo de aliados numericamente forte para um interesse muito mais minoritário no conhecimento. Pode fornecer um ponto de encontro para potenciais aliados de classe. Abre a possibilidade de

descobrir as táticas de hackeamento cotidiano das classes trabalhadora e camponesa.

[062] Tanto os trabalhadores quanto os hackers têm interesse na escolarização em que os recursos são alocados na base socializada – e socializadora – que Marx identificou: "de cada um segundo suas capacidades, a cada um segundo suas necessidades!". compreensão da finalidade do conhecimento, trabalhadores e hackers têm em comum o interesse em resistir a "conteúdos" educacionais que apenas treinam escravos para a produção de mercadorias, mas também em resistir às incursões que a classe vetorialista deseja fazer na educação como uma "indústria".

[063] Dentro das instituições de ensino, alguns lutam como trabalhadores contra a exploração de seu trabalho. Outros lutam para democratizar a governança da instituição. Outros lutam para fazê-las responder às necessidades das classes produtivas. Outros lutam pela autonomia do conhecimento. Todas essas demandas, às vezes concorrentes e conflitantes, são elementos da mesma luta pelo conhecimento, que é produção livre em si mesma e não apenas produção livre para si, mas para as classes produtivas.

[064] Uma pessoa prevenida vale por duas. No mundo subdesenvolvido, no sul e no leste, a classe ruralista ainda transforma camponeses em agricultores, expropriando seus direitos tradicionais e reivindicando a terra como propriedade. Camponeses ainda lutam para subsistir em sua recém-descoberta liberdade em relação aos meios de sobrevivência. O capital ainda transforma camponeses em operários, explorando-os ao máximo em relação ao que é biologicamente

possível. Produzem os bens materiais que a classe vetorial no mundo superdesenvolvido (*overdeveloped*) imprime com seus logotipos, segundo desenhos que ela protege com suas patentes e marcas. Tudo isso exige uma nova pedagogia do oprimido, e não apenas com o objetivo de fazer os subalternos se sentirem melhor consigo mesmos como sujeitos em um mundo vetorial emergente de espetáculo multicultural, mas que forneça as ferramentas para lutar contra essa objetificação contínua de classes produtoras do mundo.

[065] As classes dominantes desejam um aparato educacional em que uma educação de prestígio possa ser comprada até mesmo para herdeiros mais estúpidos da fortuna privada. Embora isso possa parecer atraente para os trabalhadores mais bem pagos como garantia de um futuro para seus filhos, independentemente do talento, no final nem eles podem arcar com os benefícios dessa injustiça. Os interesses das classes produtoras como um todo estão em um conhecimento democrático baseado no livre acesso à informação e na alocação de recursos baseada no talento e não na riqueza.

[066] Onde a classe capitalista vê a educação como um meio para atingir um fim, a classe vetorialista a vê como um fim em si mesma. Vê oportunidades para tornar a educação uma indústria lucrativa por si só, com base na garantia da propriedade intelectual como uma forma de propriedade privada. Busca privatizar o conhecimento como recurso, assim como privatiza a ciência e a cultura, para garantir sua escassez e seu valor. Para os vetorialistas, a educação é apenas mais "conteúdo" para mercantilização como "comunicação".

[067] A classe vetorialista busca a mercantilização da educação em escala global. Os melhores e mais brilhantes são atraídos, de todo o mundo, para suas fábricas de ensino superior de prestígio no mundo superdesenvolvido. O mundo subdesenvolvido reclama com razão de uma "fuga de cérebros", um desvio de seus recursos intelectuais. O intelecto geral é reunido e transformado na imagem da mercantilização. Aqueles que oferecem a liberdade de buscar o conhecimento em si ainda servem à mercantilização da educação, na medida em que se tornam uma propaganda para a instituição que oferece essa liberdade em troca do aumento de seu prestígio e poder de marketing global.

[068] Muitos dos conflitos dentro do ensino superior são distrações da política de conhecimento de classe. A educação "disciplina" o conhecimento, segregando-o em "campos" homogêneos, presididos por guardiães devidamente "qualificados" encarregados de policiar suas representações. A produção de abstração dentro desses campos e além de suas fronteiras é gerenciada no interesse de preservar a hierarquia e o prestígio. Desejos que possam dar origem a um robusto teste e desafio de novas abstrações são canalizados para a ânsia de reconhecimento. O hacker passa a se identificar com sua própria mercantilização. O reconhecimento torna-se formal em vez de substantivo. Aumenta o senso subjetivo de valor à custa de objetivar os produtos do hackeamento como abstração. Dessa contenção do desejo de conhecimento surge o desfile circular dos falsos problemas da disciplina e a disciplina dos falsos problemas.

[069] Apenas um conflito intelectual tem qualquer relação real com a questão de classe dos hackers: a questão da propriedade. De quem é a propriedade do conhecimento? É papel do conhecimento autorizar sujeitos que são reconhecidos apenas por sua função em uma economia? Ou é função do conhecimento produzir os fenômenos sempre diferentes do hack, em que os sujeitos aprendem a se tornar diferentes de si mesmos e descobrem que o mundo objetivo contém potenciais diferentes do que parece? Esta é a luta pelo conhecimento do nosso tempo. "No exato momento em que os filósofos proclamam a posse de suas ideias, estão se aliando aos poderes que criticam."*

[070] Hackear é expressar conhecimento em qualquer uma de suas formas. O conhecimento hacker implica, em sua prática, uma política de livre informação, aprendizado gratuito, uma dádiva dos frutos de uma rede *peer-to-peer*. O conhecimento hacker também implica uma ética do conhecimento aberta aos desejos das classes produtivas e livre de subordinação à produção mercantilizada. O conhecimento hacker é o que expressa a virtualidade da natureza, transformando-a, plenamente consciente da recompensa e do perigo. Quando o conhecimento é libertado da escassez, a produção livre de conhecimento torna-se o conhecimento de produtores livres. Isso pode soar como utopia, mas os relatos de zonas temporárias de liberdade hacker realmente existentes são muitos. Stallman: "Foi um pouco como o jardim do Éden. Não nos ocorreu não cooperar."*

HACKEANDO

[071] Um hack toca o virtual – e transforma o real. "Para se qualificar como hack, tal façanha deve estar imbuída de inovação, estilo e virtuosismo técnico."* Os termos hackeamento e hacker emergem, nesse sentido, na engenharia elétrica e na computação. Sendo essas áreas referência da produção criativa num mundo vetorial, faz sentido que esses nomes venham a representar uma atividade mais ampla. O hackeamento de novos vetores de informação foi, de fato, o ponto de virada no surgimento de uma consciência mais ampla da produção criativa da abstração.

[072] Desde o seu surgimento nos círculos da computação, a "ética" hacker se deparou com as forças da educação e comunicação mercantilizadas. Como escreve Himanen, os hackers, que "querem realizar suas paixões", apresentam "um desafio social geral", mas a percepção do valor desse desafio "levará tempo, como todas as grandes mudanças culturais". Será preciso luta, pois o que o hacker cria no mundo é um novo mundo e um novo ser. Libertar o conceito de hacker de suas particularidades, entendê-lo de forma abstrata, é o primeiro passo nessa luta.

[073] Os apologistas do interesse vetorial querem limitar a produtividade semântica do termo "hacker" a uma mera criminalidade, justamente porque temem seu potencial mais abstrato e múltiplo – seu potencial de classe. Por toda parte ouvem-se rumores sobre o hacker como a nova forma de delinquente juvenil, ou vândalo niilista, ou servo do crime organizado. Ou, o hacker é apresentado como uma mera subcultura inofensiva, uma obsessiva busca de garagens com seus estilos restritivos de aparência e códigos de conduta. Em

todos os lugares, o desejo de abrir a virtualidade da informação, de compartilhar dados como uma dádiva, de se apropriar do vetor (*vector*) de expressão, é representado como objeto de pânico moral, desculpa para vigilância e restrição do conhecimento técnico às "autoridades competentes". Não é a primeira vez que as classes produtivas enfrentam essa chantagem ideológica. O hacker agora aparece nos órgãos oficiais da ordem dominante ao lado de seus arquétipos anteriores, o operário organizado, o agricultor rebelde. O hacker está em excelente companhia.

[074] O virtual é o verdadeiro domínio do hacker. É a partir do virtual que o hacker produz expressões sempre novas do atual. Para o hacker, o que é representado como real é sempre parcial, limitado, talvez até falso. Para o hacker há sempre um excedente de possibilidade expresso no atual, o excedente do virtual. Este é o domínio inesgotável do que é real, mas não atual, do que não é, mas pode vir a ser. O domínio onde, como diz Massumi, "o que não pode ser experimentado não pode deixar de ser sentido."* Hackear é liberar o virtual no atual, expressar a diferença do que é real.

[075] Qualquer domínio da natureza pode render o virtual. Ao abstrair-se da natureza, o hackeamento produz a possibilidade de uma outra natureza, uma segunda natureza, uma terceira natureza, naturezas ao infinito, duplicando e redobrando. O hackeamento descobre a natureza da natureza, seus produtivos – e destrutivos – poderes. Isso se aplica tanto na física quanto na sexualidade, na biologia como na política, na computação como na arte ou na filosofia. A natureza de todo e qualquer domínio pode ser hackeada. É da natureza do hackeamento descobrir livremente, inventar livremente,

criar e produzir livremente. Mas não é da natureza do próprio hackeamento explorar as abstrações assim produzidas.

[076] Quando o hack é representado na abstração dos direitos de propriedade, a informação como propriedade cria a classe hacker enquanto classe. Essa propriedade intelectual é um tipo distinto de propriedade da terra ou do capital, no sentido de que apenas uma criação qualitativamente nova pode reivindicá-la. E ainda, quando capturado pela representação da propriedade, o hack torna-se o equivalente a qualquer outra propriedade, um valor mercantilizado. A classe vetorial mede seu patrimônio líquido na mesma moeda que os capitalistas e ruralistas, tornando patentes e direitos autorais equivalentes a fábricas ou campos.

[077] Por meio da aplicação de formas sempre novas de abstração, a classe hacker produz a possibilidade de produção, a possibilidade de fazer algo do e com o mundo – e de viver do excedente produzido pela aplicação da abstração à natureza – a qualquer natureza. A abstração, uma vez que começa a ser aplicada, pode parecer estranha, "antinatural", e pode trazer mudanças radicais em seu rastro. Se persistir, logo se torna um dado adquirido. Torna-se uma segunda natureza. Por meio da produção de novas formas de abstração, a classe hacker produz a possibilidade do futuro. É claro que nem toda nova abstração produz uma aplicação produtiva ao mundo. Na prática, poucas inovações o fazem. No entanto, raramente se pode saber com antecedência quais abstrações irão se mesclar com a natureza de maneira produtiva.

[078] É do interesse dos hackers serem livres para hackear pelo simples prazer do hackeamento. O hackeamento livre

e ilimitado do novo produz não apenas "o" futuro, mas uma gama infinita possível de futuros, o próprio futuro como virtualidade. Cada hack é uma expressão da inesgotável multiplicidade do futuro, de sua virtualidade. No entanto, todo hack, para ser realizado como uma forma de propriedade e atribuído a um valor, deve assumir a forma não de uma expressão de multiplicidade, mas de uma representação de algo repetível e reprodutível. A propriedade prende apenas um aspecto do hack, sua representação e objetivação como propriedade. Ele não pode capturar a virtualidade infinita e ilimitada da qual o hack extrai seu potencial.

[079] Sob a sanção da lei, o hack torna-se uma propriedade finita, e a classe hacker emerge, como todas as classes emergem, de uma relação com uma forma de propriedade. Assim como a terra ou o capital como formas de propriedade, a propriedade intelectual impõe uma relação de escassez. Atribui o direito a uma propriedade a um proprietário em detrimento de não proprietários, a uma classe de possuidores em detrimento dos despossuídos. "A filosofia da propriedade intelectual reifica o racionalismo econômico como um traço humano natural."*

[080] Por sua própria natureza, o ato de hackear supera os limites que a propriedade lhe impõe. Novos hacks substituem hacks antigos e os desvalorizam como propriedade. O hack pega informações que foram desvalorizadas em redundância pela repetição como comunicação e produz novas informações a partir delas. Isso dá à classe hacker um interesse na disponibilidade livre de informação, e não em um direito exclusivo. O aspecto imaterial da natureza da informação significa que a posse de uma informação por uma pessoa não precisa privar outra. Os campos de pesquisa são de uma ordem

de abstração diferente da dos campos agrícolas. Embora a exclusividade de propriedade possa ser necessária quando se trata da terra, ela não faz o menor sentido na ciência, na arte, na filosofia, no cinema ou na música.

[081] Na medida em que o hack se corporifica na forma de propriedade, o faz de maneira bastante peculiar, conferindo à classe hacker, enquanto classe, interesses bastante distintos das demais classes, sejam elas exploradoras ou exploradas. O interesse da classe hacker reside, antes de tudo, na livre circulação da informação, condição necessária para a expressão renovada do hack. Mas a classe hacker como tal também tem um interesse tático na representação do hack como propriedade, como algo de onde pode ser derivada uma fonte de renda que dá ao hacker alguma independência das classes dominantes. A classe hacker abre o universo virtual para o universo histórico quando inventa uma maneira de tornar o desejo do último uma mera particularidade do primeiro.

[082] A própria natureza do hack dá ao hacker uma crise de identidade. O hacker busca uma representação do que é ser hacker nas identidades de outras classes. Alguns se veem como vetorialistas, negociando com a escassez de suas propriedades. Alguns se veem como trabalhadores, mas como privilegiados em uma hierarquia de assalariados. A classe hacker se produz como si mesma, mas não para si. Ela (ainda) não possui uma consciência de sua consciência. Não tem consciência de sua própria virtualidade. Por causa de sua incapacidade – até agora – de se tornar uma classe para si mesma, frações da classe hacker continuamente se dividem e passam a identificar seus interesses com os de outras classes. Os hackers correm o risco, em particular, de serem identificados aos olhos das classes

trabalhadoras e camponesas com interesses vetorialistas, que buscam privatizar informações necessárias à vida produtiva e cultural de todas as classes.

[083] Hackear é abstrair. Abstrair é produzir o plano sobre o qual coisas diferentes podem entrar em relação. É produzir os nomes e números, as localizações e trajetórias dessas coisas. É produzir tipos de relações, e relações de relações, nas quais as coisas podem se inserir. A diferenciação de componentes funcionais dispostos em um plano com um objetivo comum é uma conquista do hacker, seja no âmbito técnico, cultural, político, sexual ou científico. Tendo alcançado a abstração criativa e produtiva em tantos outros domínios, a classe hacker ainda não se produziu como sua própria abstração. O que ainda está para ser criado, como um projeto abstrato, coletivo e afirmativo é, como diz Ross, "o conhecimento de um hacker, capaz de penetrar sistemas existentes de racionalidade que, de outra forma, poderiam parecer infalíveis; um conhecimento hacker, capaz de requalificar e, portanto, reescrever os programas culturais e reprogramar os valores sociais que abrem espaço para as novas tecnologias; um conhecimento hacker, capaz também de gerar novos romances populares em torno dos usos alternativos da engenhosidade humana."*

[084] A luta da classe hacker é contra si mesma, tanto quanto contra outras classes. É da natureza do hack buscar superar o hack identificado como seu predecessor. Um hack só tem valor aos olhos do hacker como um desenvolvimento qualitativo de um hack anterior. No entanto, a classe hacker traz esse espírito também em sua relação consigo mesma. Cada hacker vê o outro como um rival, ou um colaborador contra outro rival, não – ainda – como um membro da mesma classe, com um

interesse comum. Esse interesse compartilhado é tão difícil de entender precisamente por que é um interesse compartilhado na diferenciação qualitativa. A classe hacker não precisa de unidade na identidade, mas busca a multiplicidade na diferença.

[085] A classe hacker produz distinções bem como relações, e deve lutar contra as distinções de sua própria autoria, para se reconceber como si mesma. Tendo se produzido como o próprio processo de distinção, tem que distinguir entre seu interesse competitivo no hack, e seu interesse coletivo em descobrir uma relação entre hackers que expresse um futuro aberto e contínuo para seus interesses. Seu interesse competitivo pode ser capturado na forma de propriedade, mas seu interesse coletivo não. O interesse coletivo da classe hacker exige uma nova forma de luta de classes.

[086] A classe hacker pode alistar os componentes de outras classes que auxiliam na realização da classe hacker como uma classe própria. Os hackers muitas vezes forneceram a outras classes os meios para se realizarem, como os "intelectuais orgânicos" conectados a interesses e formações de classes particulares. Mas tendo guiado – e mal orientado – a classe trabalhadora como sua "vanguarda" intelectual, é hora dos hackers reconhecerem que seus interesses são separados dos da classe trabalhadora, mas potencialmente em aliança. É por meio da vanguarda da classe trabalhadora que os hackers ainda podem aprender a se conceber como uma classe. Se os hackers ensinam aos trabalhadores como hackear, são os trabalhadores que ensinam aos hackers como ser uma classe, uma classe em si e para si. A classe hacker torna-se uma classe para si mesma não por adotar a identidade da classe trabalhadora, mas por se diferenciar dela.

[087] O vetorial coloca o mundo superdesenvolvido em contato direto com o mundo subdesenvolvido, rompendo os invólucros dos Estados e das comunidades, até mesmo do próprio sujeito. Os agricultores mais pobres estão lutando não apenas contra a classe ruralista local, mas também contra uma classe vetorialista empenhada em monopolizar as informações contidas nos estoques de sementes ou as propriedades curativas de plantas medicinais há muito conhecidas pelos povos tradicionais. Agricultores, trabalhadores e hackers enfrentam em seus diferentes aspectos a mesma luta para libertar a informação da propriedade e da classe vetorial. O hack mais desafiador para o nosso tempo é expressar essa experiência comum do mundo.

[088] Embora nem todo mundo seja hacker, todo mundo hackeia. Tocar no virtual é uma experiência comum porque é uma experiência do que é comum. Se o hackeamento viola invólucros, então o grande hack global é o movimento dos despossuídos do mundo subdesenvolvido, sob e além de todas as fronteiras, seguindo todos os vetores em direção à promessa do mundo superdesenvolvido. Os vetores de comunicação se espalham como representações festivas da vida mercantilizada ao redor do mundo, atraindo sujeitos para seus objetos, transformando-se em vetores de migração em uma escala sem precedentes. Mas o que resta ainda a ser hackeado é uma nova abertura de expressão para esse movimento, um novo desejo além da convocação da representação do objeto para seus sujeitos, que chegarão, mais cedo ou mais tarde, ao tédio e à decepção. O mundo vetorial está sendo hackeado em pedaços, por dentro e por fora, exigindo a combinação de todos os esforços para abstrair o desejo da propriedade e liberar as propriedades do desejo abstraído.

HISTÓRIA

[089] A própria História é uma abstração, extraída (*hacked out*) das informações refratárias lançadas pelas alterações produtivas presentes, que se misturam com passados. A partir das informações expressas pelos acontecimentos, a História forma ordens de representação objetiva e subjetiva.

[090] A representação da História dominante em qualquer época é produto do aparato educacional estabelecido por seus poderes dominantes. Mesmo a História dissidente toma forma dentro de instituições que não foram feitas por ela. Embora nem toda a História represente os interesses das classes dominantes, sua instituição existe como algo diferente do que pode se tornar quando livre da coerção de classe, ou seja, o guia abstrato para a transformação da ordem dominante no interesse das classes produtivas, cuja ação coletiva expressa os eventos que a História apenas representa.

[091] A História não é necessidade. "A História ainda hoje designa apenas o conjunto de condições, por mais recentes que sejam, das quais nos afastamos para nos tornarmos"*. Pode, antes, expressar sua diferença em relação ao estado de coisas que se apresentam sob a autoria da classe dominante. Pode ser uma história não apenas do que o mundo é, mas do que pode se tornar.

[092] Essa outra história, essa história hacker, reúne o registro dos acontecimentos como objeto à parte da ação coletiva com a ação da força subjetiva que luta para se libertar de sua própria objetificação. A história hacker apresenta às classes

produtivas o produto de sua própria ação, que de outra forma é apresentada - não apenas pela versão dominante da história, mas pela própria classe dominante em todas as suas ações - como uma coisa à parte.

[093] A história hacker extrai (*hacks out*) das aparências e devolve às classes produtivas sua experiência de contenção de energia produtiva livre em sucessivas formas de propriedade ao longo do tempo. Da sujeição direta a um proprietário individual que é a escravidão, à colcha de retalhos de senhorios locais e sujeição espiritualizada que é o feudalismo, à propriedade privada abstrata e universalizante da economia mercantilizada, em todas as épocas até agora, uma classe dominante extrai um excedente da capacidade livre das classes produtivas. A história dos hackers não apenas representa para as classes produtivas o que perderam, mas expressa o que ainda podem ganhar - o retorno de sua própria capacidade produtiva em si e para si.

[094] A história produzida nas instituições das classes dominantes faz da própria história uma forma de propriedade. Para a história hacker, a história dominante é apenas uma instância visível da contenção do poder produtivo dentro da representação pela forma dominante de propriedade. Mesmo as pretensas histórias "radicais", as histórias sociais, a história de baixo para cima, acabam como formas de propriedade, negociadas de acordo com seu valor representacional, em um mercado emergente de comunicação mercantilizada. A história crítica só rompe com a história dominante quando avança para uma crítica de sua própria forma de propriedade, e além, para a expressão de uma nova história produtiva e história do produtivo.

[095] A história hacker desafia não apenas o conteúdo da história, mas sua forma. Acrescenta ainda mais representações à pilha de bens da história, mesmo as representações dos oprimidos e excluídos, não faz nada se não desafiar a separação da história como representação das grandes forças produtivas que fazem a história em primeiro lugar. O aparato educacional do mundo superdesenvolvido tornaria até mesmo a voz espontânea do camponês subalterno parte de sua propriedade, mas as classes produtivas precisam apenas do discurso de sua própria produtividade para recuperar a produtividade do discurso.

[096] O que importa na luta pela história é expressar seu potencial de ser outro, e torná-la parte dos recursos produtivos para a autoconsciência das próprias classes produtivas, inclusive a classe hacker. A classe hacker, como o trabalho produtivo em todos os lugares, pode se tornar uma classe para si mesma quando equipada com uma história que expressa seu potencial em termos do potencial de todas as classes despossuídas.

[097] A história hacker não precisa ser inventada do zero, como um novo hack expresso do nada. Ela plagia livremente a partir da consciência histórica de todas as classes produtivas do passado e do presente. A história dos livres é uma história livre. É a dádiva das lutas passadas para o presente, que não traz consigo nenhuma obrigação além de sua implementação. Não requer nenhum estudo elaborado. Precisa ser reconhecida apenas em sua forma abstrata para ser praticada de maneira específica.

[098] Uma coisa já se sabe, como parte dessa dádiva. A contenção da produtividade livre dentro da representação da

propriedade, conforme administrada pelo Estado no interesse da classe dominante, pode acelerar o desenvolvimento por um tempo, mas inevitavelmente o retarda e distorce no final. Longe de ser a forma perfeita para todos os tempos, a propriedade é sempre contingente e aguarda a superação de seus grilhões por algum novo hack. O passado pesa como a insônia sobre a consciência do presente.

[099] A produção se liberta dos grilhões da propriedade, de suas representações locais e contingentes de direito e apropriação, e finalmente dá origem a uma forma abstrata e universalizante de propriedade, a propriedade privada. A propriedade privada abrange a terra, o capital e, finalmente, a informação, trazendo cada um sob sua forma abstrata e fazendo de cada um uma mercadoria. Separa a terra do *continuum* da natureza e faz dela uma coisa. Transforma os produtos feitos a partir da natureza em objetos a serem comprados e vendidos e faz deles coisas também. Por fim, a propriedade privada faz da informação, esse potencial imaterial, uma coisa. E a partir dessa tripla objetivação, a propriedade produz, entre outras coisas, sua marca objetivada e sem vida da história.

[100] O progresso da privatização da propriedade cria em cada estágio uma classe que possui os meios de produzir um excedente dela, e uma classe produtiva despojada dela. Esse processo se desenvolve de forma desigual, mas é possível abstrair das vicissitudes dos acontecimentos um relato abstrato do andamento da abstração, a começar pela abstração da natureza que é a propriedade fundiária.

[101] À medida que a terra se torna objeto de uma lei universalizante de propriedade privada abstraída, surge uma classe

que lucra com sua propriedade. A classe ruralista, por meio de seu domínio sobre os órgãos do Estado, produz as ficções jurídicas que legitimariam esse roubo da natureza das formas de vida tradicionais.

[102] Segura de sua propriedade da terra, a classe ruralista impõe aos despossuídos qualquer forma de relação de exploração que possa conseguir, e consegue o apoio do Estado com força – arrendamento, escravidão, meação. Cada um é apenas a medida da tolerância do Estado pela prerrogativa do poder ruralista. Em sua sede de trabalho que torne a terra realmente produtiva e produza um excedente, nenhuma indignidade é grande demais, nenhum canto do mundo está isento das reivindicações de propriedade e do desenraizamento de seus guardiões.

[103] O que possibilita essa desapropriação é o hack da propriedade privada, pela qual a terra surge como ficção jurídica, garantindo o acesso à produtividade da natureza para a classe ruralista. O que acelera a desapropriação do campesinato são os sucessivos hacks agrícolas, que aumentam a força produtiva da mão de obra agrícola, criando um vasto excedente de riqueza.

[104] O campesinato, que já deteve os direitos tradicionais sobre a terra, e agora vê-se com esses direitos negados por um aparato de Estado controlado pela classe proprietária. O hack agrícola coloca em movimento fluxos de camponeses despojados, e eles se tornam, na melhor das hipóteses, operários, vendendo sua força de trabalho para uma classe capitalista emergente. Assim, o pastoreio gera o capitalismo. A classe ruralista produz "uma forma social com 'leis de

movimento' distintas que finalmente daria origem ao capitalismo em sua forma industrial madura"*.

[105] Assim como os proprietários usam o Estado para garantir a terra como propriedade privada, também os capitalistas usam seu poder sobre o Estado para garantir as condições legais e administrativas para a privatização dos fluxos de matérias-primas e ferramentas de produção na forma de capital. A classe capitalista adquire os meios para empregar o trabalho através do investimento do excedente de riqueza gerado pela agricultura e pelo comércio em abstrações ainda mais produtivas, o produto de ainda outros hacks, que produz a divisão do trabalho, o sistema fabril, a engenharia da produção. As abstrações que são a propriedade privada, a relação salarial e a troca de mercadorias, fornecem um plano no qual a extração brutal mas eficiente de um excedente pode prosseguir em ritmo acelerado. Mas sem a labuta da grande multidão de agricultores e operários, e sem a exploração cada vez mais inventiva de novas abstrações, a propriedade privada por si só não muda o mundo.

[106] Por um tempo, a terra e o capital representam interesses conflitantes, lutando um contra o outro, por meio do Estado, pela dominação. Os latifundiários tentam obter o monopólio da venda de gêneros alimentícios no espaço da nação por meio do Estado, enquanto o capital luta para abrir o mercado e, assim, reduzir o preço dos alimentos. Da mesma forma, os ruralistas tentam abrir o mercado nacional aos fluxos de bens manufaturados, enquanto o capital, em sua infância, procura proteger seu monopólio dentro do invólucro nacional. Esse conflito surge da diferença na forma de

propriedade baseada na terra em oposição ao capital, que são tipos de abstrações qualitativamente diferentes.

[107] O capital, a forma de propriedade mais abstrata, geralmente leva a melhor em sua luta contra o interesse ruralista e abre o invólucro nacional para importações baratas de produtos primários. Reduz a quantidade de excedente que vai para a classe ruralista e garante para si custos de produção mais baixos, tornando, assim, seus produtos mais competitivos internacionalmente. Lutas desse tipo não são incomuns entre as classes dominantes aliadas, e sempre vale a pena estudar a história dos hackers de olho nas oportunidades apresentadas nesses momentos de transição, que as classes produtivas podem usar a seu favor.

[108] As classes proprietárias dos meios de produção, seja uma classe ruralista com a posse de pastos ou fazendas, seja uma classe capitalista com a posse de fábricas e forjas, seja uma classe vetorialista com a posse de estoques, fluxos e vetores de informação, em todos os lugares extraem excedente das classes produtivas. A extração do excedente é a chave para a continuidade da sociedade de classes, mas a forma do excedente, e a forma da própria classe dominante, passa por três fases históricas: rural, capitalista, vetorialista; com suas correspondentes formas de excedente: aluguel, lucro, margem. Como cada um se baseia em uma forma mais abstrata de propriedade, cada vez menos ligada a um aspecto particular da materialidade da natureza, a tendência é que sejam cada vez mais fáceis sua garantia e monopolização. Assim, cada classe dominante depende cada vez mais da força da lei para garantir sua propriedade, tornando a lei a forma superestrutural dominante para preservar um poder infraestrutural.

[109] Através da propriedade dos meios de produção, as classes dominantes limitam a proporção do excedente devolvido às classes produtoras, além da mera subsistência, e devolvem essa subsistência em uma forma mercantilizada. Mas isso não é suficiente para dispor de um excedente crescente. As classes dominantes devem encontrar um mercado para seus produtos em algum lugar. As colônias, onde o excedente agrícola é produzido, são obrigadas a comprar de volta seu próprio excedente na forma de produtos manufaturados.

[110] O capital logo coloniza a cultura de sua própria classe trabalhadora local que, lutando para ganhar parte do excedente que ela mesma produz, descobre que só pode trocá-lo por mais mercadorias. A classe trabalhadora do mundo superdesenvolvido torna-se mercado para o que ela mesma produz. Encontram seus interesses separados daqueles das classes produtoras das colônias e ex-colônias. O mundo superdesenvolvido torna-se superdesenvolvido ao limitar a capacidade do mundo subdesenvolvido de vender sua produção, enquanto mantém suas prerrogativas sobre os mercados. O mundo superdesenvolvido usa o vetor, ao mesmo tempo, para preservar os invólucros de seus próprios Estados, enquanto rompe os do mundo subdesenvolvido. O vetor assegura a identidade daqueles que se abrigam dentro do invólucro que ele mantém ao, simultaneamente, perfurar a identidade daqueles sujeitados a seus efeitos deslocadores externos.

[111] Tanto no mundo desenvolvido quanto no subdesenvolvido, as classes produtivas são induzidas a identificar seus interesses com os das classes dominantes, no âmbito do Estado.

[112] No mundo superdesenvolvido, a classe capitalista e seu parceiro minoritário, a classe ruralista, garantem o consentimento da classe trabalhadora por meio da divisão parcial do excedente, o que então dá à classe trabalhadora o interesse em preservar as relações vetoriais discriminatórias que mantêm esse privilégio.

[113] No mundo subdesenvolvido, a classe ruralista e a nascente classe capitalista garantem o apoio dos produtores predominantemente agrícolas por meio da demanda por um Estado soberano livre do domínio colonial que possa se desenvolver autonomamente e por justiça no comércio com o mundo superdesenvolvido. A soberania, concedida ou tomada ao mundo superdesenvolvido, não é, como descobre o mundo subdesenvolvido, suficiente para garantir o desenvolvimento. Os vetores de comércio desiguais foram e continuam sendo a principal causa da exploração no mundo subdesenvolvido.

[114] As classes produtivas são assim chamadas porque são as verdadeiras produtoras de riqueza, sejam elas lavradoras e mineradoras de terras, sejam trabalhadores de valor material ou imaterial, sejam hackers que produzem novos meios de produção própria. Seus interesses e desejos nem sempre coincidem, razão pela qual são considerados como classes separadas, ligadas a diferentes relações de propriedade e predominantes em diferentes partes do mundo. Tomados em conjunto, têm em comum a desapropriação da maior parte do que elas mesmos produzem. A história delas é a história da luta para colher os frutos do próprio trabalho.

[115] As classes produtivas podem lutar diretamente contra seus apropriadores, sobre os termos da troca entre eles, ou

podem lutar indiretamente por meio do Estado. O Estado, que as classes ruralistas e capitalistas usaram como instrumento para legitimar sua apropriação da propriedade, também pode ser o meio pelo qual as classes produtivas buscam ressocializar parte do excedente, por meio da tributação e transferência do excedente para as classes produtivas na forma de uma *social wage*[5], como saúde, educação ou moradia.

[116] A tributação pode distribuir o excedente para as classes produtoras, para as classes dominantes, ou pode ser desviada para a expansão e armamento do próprio Estado. Enquanto a classe dominante busca limitar a interferência do Estado em suas atividades, ela também busca direcionar o excedente para seus próprios usos. O capital pode encorajar o Estado a se armar e lucrar com seu armamento. Aqui as classes produtoras acabam subsidiando um arranjo entre Estado e capital – o complexo industrial militar.

[117] O capital costuma ceder ao Estado as funções intensivas em informação que beneficiaram as classes capitalistas e ruralistas como um todo, ou que são concessões conquistadas pelas classes produtivas. O Estado torna-se o gestor das representações por meio das quais a sociedade de classes como um todo passa a se conhecer e se regular. A ascensão de uma classe vetorialista pôs fim a esse arranjo. A classe vetorial usa o Estado para ampliar e defender a privatização da informação. Ataca a ciência socializada, a cultura, a comunicação, a educação e a educação que outras classes dominantes em sua

[5] N. do T.: optamos por não traduzir a expressão para preservar o sentido original.

maioria deixaram nas mãos do Estado. "Há uma apropriação intelectual de terras em curso."*

[118] Cada classe dominante molda uma força militar à sua própria imagem. A classe vetorialista suplanta o complexo industrial militar pelo complexo de entretenimento militar, onde o excedente é direcionado para o desenvolvimento de vetores de comando, controle e comunicação. Onde o complexo industrial militar socializou parte dos riscos da nova tecnologia para o capital e formou uma fonte confiável de demanda por sua capacidade produtiva, o complexo militar de entretenimento fornece esses mesmos serviços à classe vetorial emergente. As novas ideologias militares – comando e controle, a guerra da informação, a revolução nos sujeitos militares – correspondem às necessidades e interesses da classe vetorial.

[119] Ao mesmo tempo que privatizam o que antes era informação socializada, a classe vetorialista ataca a capacidade da classe hacker de manter algum grau de autonomia sobre suas condições de trabalho. À medida que a classe vetorial passa a monopolizar estoques, fluxos e vetores de informação, a classe hacker perde o controle de suas condições imediatas de trabalho. A classe hacker vê sua própria ética de trabalho comprometida, e a agenda do hack determinada por necessidades que não foram feitas por ela. A classe hacker se vê sugada para a matriz do complexo de entretenimento militar, hackeando as formas e os meios de estender o vetor como uma arma de destruição em massa e uma arma de sedução em massa.

[120] Além de sua luta pelo valor de seu trabalho e sua luta por meio do Estado para reatribuir o excedente, cada classe produtiva luta pela autonomia de suas condições de trabalho.

Agricultores formam associações, operários formam sindicatos. Muitos buscam autonomia por meio da posse de algumas ferramentas produtivas. A classe hacker também luta por autonomia em um mundo em que os meios de produção estão nas mãos das classes dominantes. Mas a diferença é que a classe hacker também é projetista das próprias ferramentas de produção. Os hackers programam o *hardware*, o *software* e o *wetware* e podem lutar por ferramentas mais favoráveis à autonomia e à cooperação do que ao monopólio e à competição.

[121] Há uma outra luta em que todas as classes produtivas estão sempre engajadas, quer saibam ou não. Elas lutam para ultrapassar os limites da produção do excedente e de sua livre apropriação de impostos como grilhões pela forma-mercadoria em geral e por sua forma mais restritiva – a propriedade privada – em particular. Todas as classes produtivas lutam para hackear zonas temporárias de liberdade da produção e consumo mercantilizados. Essas lutas nunca foram grandes até que o desenvolvimento do vetor abriu as possibilidades para o roubo de informações em grande escala. As classes produtivas se aproveitam das contradições entre a mercantilização do vetor e a mercantilização dos estoques e fluxos de informação por facções rivais da classe vetorial. Isso não é bem um roubo, mas uma reapropriação, devolvendo alguma parcela do conhecimento popular e da cultura das classes produtivas aos seus produtores coletivos.

[122] A forma-mercadoria é uma abstração que libera uma quantidade enorme de energia produtiva, mas o faz desviando a produção sempre para a reprodução da forma mercadoria. Essa forma torna-se um grilhão para a produtividade livre da própria produção. O hack é então limitado ao hac-

keamento de novas formas de extração de excedentes. Esse é o ponto mais saliente em qualquer história que pretenda tornar-se parte da luta para arrancar a liberdade da necessidade.

[123] À medida que a terra, o capital e a informação são progressivamente abstraídos como propriedade, a própria propriedade se torna mais abstrata. A terra tem uma forma finita e particular, o capital tem formas finitas, mas universais, a informação é infinita e universal em seu potencial. A abstração da propriedade chega ao ponto em que exige uma abstração da propriedade. A história se torna história dos hackers quando os hackers percebem que esse momento já chegou.

[124] A dinâmica de classes conduz a sociedade de classes à possibilidade de superação da própria forma de propriedade, à superação da escassez e à liberação do potencial excedente de produtividade de volta às mãos de seus produtores. O que a história expressa para as classes produtoras é esse potencial não realizado de arrancar a liberdade da necessidade tal como a experimentam. Assim como a propriedade levou a libertar-se da necessidade natural, a superação dos limites da propriedade oferece o potencial de libertar-se das necessidades impostas às classes produtivas pela restrição da propriedade privada, da exploração de classe e do domínio do Estado.

[125] A história hacker conhece apenas o tempo presente.

INFORMAÇÃO

[126] A informação quer ser livre, mas está acorrentada por toda parte.

[127] A informação é imaterial, mas nunca existe sem um suporte material. A informação pode ser transferida de um suporte material para outro, mas não pode ser desmaterializada - a não ser nas ideologias mais ocultas do vetorialismo. A informação surge como um conceito quando alcança uma relação abstrata com a materialidade. Essa abstração de informações de qualquer suporte material específico cria a própria possibilidade de uma sociedade vetorial e produz o novo terreno do conflito de classes - o conflito entre as classes vetorialista e hacker.

[128] A informação expressa o potencial do potencial. Quando livre, libera as capacidades latentes de todas as coisas e pessoas, objetos e sujeitos. A informação é o plano no qual os objetos e sujeitos passam a existir como tais. É o plano sobre o qual o potencial para a existência de novos objetos e sujeitos pode ser colocado. É onde a virtualidade vem à superfície.

[129] O potencial do potencial que a informação expressa tem seus perigos. Mas sua escravização aos interesses da classe vetorial representa perigos ainda maiores. Quando a informação é livre, é livre para atuar como um recurso para evitar seus próprios perigos potenciais. Quando a informação não é livre, a classe que a possui ou a controla volta sua capacidade para seu próprio interesse e se afasta da própria virtualidade inerente à informação.

[130] A informação excede a comunicação. Deleuze: "Não nos falta comunicação, ao contrário, nós temos comunicação demais, falta-nos criação."* A informação é ao mesmo tempo essa resistência e aquilo a que ela resiste – sua própria forma morta, a comunicação. Informação é repetição e diferença. Informação é representação, na qual a diferença é o limite da repetição. Mas a informação é também expressão, na qual a diferença supera a repetição. O hack transforma repetição em diferença, representação em expressão, comunicação em informação. A propriedade transforma a diferença em repetição, congelando a produção livre e distribuindo-a como representação. A propriedade, como representação, acorrenta a informação.

[131] As condições favoráveis à liberdade de informação não param no mercado "livre", não importa o que digam os apologistas da classe vetorial. A livre informação não é um produto, mas uma condição da efetiva alocação de recursos. A multiplicidade de economias públicas e de dádiva, uma pluralidade de formas – mantendo em aberto a questão da propriedade – é o que torna possível a livre informação.

[132] A mercantilização da informação significa a escravização do mundo aos interesses daqueles cujas margens dependem da escassez de informação, a classe vetorial. Os muitos benefícios potenciais da informação livre estão subordinados aos benefícios exclusivos à margem. A virtualidade infinita do futuro está subordinada à produção e representação de futuros que são repetições da mesma forma-mercadoria.

[133] A subordinação da informação à repetição da comunicação significa a escravização de seus produtores aos in-

teresses de seus proprietários. É a classe hacker que explora a virtualidade da informação, mas é a classe vetorialista que possui e controla os meios de produção da informação em escala industrial. Seus interesses residem em extrair o máximo de margem possível da informação, em mercantilizá-la ao enésimo grau. A informação que existe apenas como propriedade privada não é mais livre, pois está acorrentada à repetição da forma de propriedade.

[134] Os interesses dos hackers nem sempre são totalmente opostos aos da classe vetorial. Existem compromissos a serem alcançados entre o livre fluxo de informações e a extração de um fluxo de receita para financiar seu desenvolvimento futuro. Mas enquanto a informação permanecer subordinada à propriedade, não é possível para seus produtores calcular livremente seus interesses ou descobrir o que a verdadeira liberdade de informação pode potencialmente produzir no mundo. Quanto mais forte for a aliança da classe hacker com as outras classes produtoras, menos terá que responder ao imperativo vetorialista.

[135] A informação pode querer ser livre, mas não é possível saber os limites ou potencialidades de sua liberdade quando o virtual está subordinado a esse estado real de posse e escassez. A privatização da informação e do conhecimento como "conteúdo" mercantilizado distorce e deforma seu livre desenvolvimento e impede o próprio conceito de sua liberdade, de seu livre autodesenvolvimento. "À medida que nossa economia se torna cada vez mais dependente da informação, nosso sistema tradicional de direitos de propriedade aplicados à informação torna-se um caro obstáculo ao nosso desenvolvimento."* A subordinação dos hackers ao interesse

vetorialista significa a escravização não apenas de todo o potencial humano, mas também do potencial natural. Embora a informação esteja acorrentada aos interesses de seus proprietários, não são apenas os hackers que podem não conhecer seus interesses, nenhuma classe é capaz de saber o que poderia se tornar.

[136] A informação em si é mera possibilidade. Requer uma capacidade ativa para se tornar produtiva. Mas onde o conhecimento é dominado pela educação das classes dominantes, ele produz a capacidade de usar a informação para fins de produção e consumo dentro dos limites da mercadoria. O que cria um desejo crescente por informações que atendam à aparente falta de significado e propósito na vida. A classe vetorialista preenche essa necessidade com uma comunicação que oferece a esses desejos uma mera representação e objetivação da possibilidade.

[137] Para que todos se tornem livres para participar da virtualidade do conhecimento, a informação e a capacidade de apreendê-la também devem ser livres, para que todas as classes tenham o potencial de hackear para si e para sua espécie um novo modo de vida. A condição para essa libertação é a abolição de uma dominação de classe que impõe escassez ao conhecimento e, na verdade, à própria virtualidade.

[138] A informação livre deve ser livre em todos os seus aspectos – como estoque, como fluxo e como vetor. O estoque de informações é a matéria-prima da qual a história é abstraída. O fluxo de informações é a matéria-prima da qual se abstrai o presente, presente que forma o horizonte que atravessa a linha abstrata de um saber histórico, indicando

um futuro à sua vista. Nem os estoques, nem os fluxos de informação existem sem vetores ao longo dos quais possam ser atualizados. Ainda assim, não basta que esses elementos sejam reunidos em uma representação que possa ser compartilhada livremente. Os eixos espacial e temporal da informação livre devem fazer mais do que oferecer uma representação das coisas, como um mundo à parte. Eles devem se tornar o meio de coordenação da expressão de um movimento capaz de conectar a representação objetiva das coisas à apresentação de uma ação subjetiva.

[139] A informação, quando é verdadeiramente livre, não é livre para o propósito de representar o mundo perfeitamente, mas para expressar sua diferença do que é, e por expressar a força cooperativa que transforma o que é no que pode ser. O sinal de um mundo livre não é a liberdade de consumir informação ou de produzi-la, nem mesmo de implementar seu potencial em mundos privados de sua escolha. O sinal de um mundo livre é a liberdade para a transformação coletiva do mundo por meio de abstrações livremente escolhidas e livremente atualizadas.

NATUREZA

[140] O hack expressa a natureza da natureza como a diferença de si mesma – ou pelo menos a diferença de sua representação. O hack expressa a virtualidade da natureza e a natureza como a virtualidade da expressão.

[141] A natureza aparece como representação no ponto em que desaparece o que a representação designa. Uma vez que a agência coletiva começou a arrancar uma parte da liberdade da necessidade, então a natureza em si, como experiência pura e não mediada, aparece como o objeto inacessível de um desejo. A natureza parece preciosa e evasiva, sempre fora de alcance. Torna-se o valor mais alto, valorizado por sua própria inacessibilidade. As forças em conflito a impunham como uma arma na luta pelos corações e mentes de um povo vetorial, um povo que deseja uma natureza convencendo-se que esta só pode ser adquirida por um preço. A natureza torna-se um signo em jogo na luta de classes.

[142] A natureza apreendida como propriedade faz de si uma coisa que pode ser apropriada como um valor. A forma de propriedade transforma a natureza em objeto e seu apropriador em sujeito. Ou assim aparece na representação que é a relação de propriedade. A propriedade produz a aparência de separação da natureza. A propriedade produz a representação de um mundo que é "construído socialmente", ao separar a posse subjetiva do objeto possuído.

[143] Através da ação coletiva, as classes produtivas libertam-se da necessidade, na forma de uma natureza transformada,

uma segunda natureza, mais passível de existência. A transformação da natureza em segunda natureza liberta a existência humana da necessidade, mas cria novas formas de necessidade. Nietzsche: "Toda segunda natureza vitoriosa torna-se uma primeira."* Assim se produz a aparência da necessidade, que, na verdade, não é mais do que a aparência da aparência.

[144] Na criação de uma existência coletiva, na cultura, na sociedade, na economia e na política, a agência coletiva se aliena da natureza e a natureza de si mesma. Torna-se a criadora de sua própria natureza, se não conscientemente, pelo menos coletivamente. Somente apreendendo conscientemente essa natureza coletiva, a natureza contra a qual a agência se molda pode ser acolhida em sua diferença. A natureza "trabalha" - sobre si mesma e contra si mesma. Produzir a diferença que é a sua diferença.

[145] A natureza apreendida como propriedade torna-se um recurso para a criação de uma segunda natureza de objetos mercantilizados. A história torna-se um "desenvolvimento" sem fim no qual a natureza é apreendida como um objeto e transformada na forma que atende a um interesse subjetivo particular. Mas porque o interesse subjetivo é até agora um interesse de classe, um interesse de propriedade, a transformação da natureza em segunda natureza produz liberdade da necessidade apenas para a classe dominante e seus favoritos. Para as classes subordinadas, produz novas necessidades.

[146] A sociedade de classes, nossa segunda natureza, torna-se tão natural que a própria natureza passa a ser representada em seus termos. A classe é representada como o que é natural; a natureza é representada como se fosse uma sociedade de

classes. Como toda representação, esse duplo deslocamento é um jogo do falso e, nesse caso, uma falsificação produtiva do falso. Somente a recuperação da história da sociedade de classes, como a transformação da natureza em segunda natureza na imagem da competição mercantilizada, torna possível uma recuperação da natureza da natureza, como ela mesma uma história que abrange essa história de classe, mas não necessariamente se conforma à sua representação, nem necessariamente impõe sua inevitabilidade à história.

[147] Nem os apropriadores da natureza na forma de propriedade, nem os despossuídos que lutam pela propriedade pública como compensação por sua expropriação têm um interesse imediato na natureza como natureza. A luta deles é pela segunda natureza. A própria natureza desaparece em sua transformação. Ela reaparece como um limite para sua exploração sem fim apenas na medida em que é apropriada como propriedade. Reaparece tanto para as classes exploradoras quanto para as produtoras como um estoque de bens que se esgota. Mas enquanto as classes exploradoras, cujo domínio é baseado na propriedade, não têm outra opção senão ver a natureza como propriedade e, portanto, como limite, as classes produtoras expressam, em sua natureza produtiva, a própria produtividade da natureza, desde que ela possa ser libertada de sua representação como uma coisa explorada até a escassez.

[148] As classes subordinadas do mundo superdesenvolvido descobrem um interesse na preservação da natureza no ponto em que o desenvolvimento da segunda natureza as libertou em algum grau das necessidades da natureza. Mas essa descoberta de interesse pela natureza coloca as classes subordinadas do mundo superdesenvolvido em conflito com as do mundo

subdesenvolvido, para as quais a natureza ainda está em processo de desaparecimento e ainda aparece como uma necessidade sombria. A propriedade produz tanto a aparência da escassez da natureza para alguns, quanto a escassez da segunda natureza para outros; a necessidade de prender a segunda natureza para alguns; a necessidade de acelerá-la para os outros. As classes produtoras como um todo só podem conciliar seus interesses libertando a natureza das garras da propriedade, que é o que realmente as divide.

[149] A natureza não conhece objetos, nem sujeitos, nem representação. Sua aparição na representação como objeto ou sujeito é uma falsa aparência. No entanto, é apenas em sua falsidade que ela pode ser apreendida na sociedade de classes, que produz a relação entre a natureza e a segunda natureza como uma relação objetivada. Mas redescobrir a natureza como diferença, e não como falsidade, requer a transformação de um mundo capaz de se sustentar apenas pela objetificação da natureza.

[150] Na medida em que a natureza existe mesmo em seu desaparecimento, ela existe como expressão. A natureza ainda existe, não como o outro do social, mas como a multiplicidade de forças que o humano em conjunto com o não humano articula e expressa. Ao se diferenciar da natureza, a agência humana não se aliena dela, apenas traz à tona mais um aspecto da multiplicidade da natureza. Retificar a exploração da natureza não significa voltar a uma representação dela anterior à sua transformação, que só pode aparecer como uma falsa imagem, pois ela também é produzida pela própria transformação experimentada como alienante. Em vez disso, a partir da multiplicidade das naturezas, a agência humana

coletiva pode juntar suas energias produtivas com aquelas que afirmam a própria produtividade da natureza. "Não estamos no mundo, tornamo-nos com o mundo."*

[151] A representação da natureza como propriedade de Deus, como o motor da competição, como redes complexas de dados – todas essas abstrações da natureza a abolem em sua representação e, no entanto, são expressões parciais de sua multiplicidade. A educação ensina o modelo da natureza que corresponde à forma de propriedade do dia – terra, capital, informação. Cada um parece mais verdadeiro do que o anterior no ponto em que a forma de propriedade da qual deriva tornou-se uma segunda natureza. À medida que cada representação da propriedade se instala no mundo, falsificando o próprio mundo à sua imagem, ela falsifica a falsa representação anterior da natureza – e valida como verdadeira aquela que a espelha de volta em seu próprio espelho. Liberar a natureza de sua representação é liberar o conhecimento da educação, ou seja, da propriedade.

[152] Para o hacker, a natureza é outro nome para o virtual. É outra forma de representar a multiplicidade irrepresentável a partir da qual o hack expressa suas formas sempre renováveis. Há um interesse que a classe hacker tem pela natureza, mas não é por uma representação da "harmonia" da natureza, aquela nostalgia que pode ser confortavelmente satisfeita no mundo superdesenvolvido. O interesse do hacker está em outra natureza, em uma natureza que expressa a multiplicidade ilimitada das coisas. Essa é a natureza da qual deriva todo e qualquer hack. O interesse hacker pela natureza não está em sua escassez, mas em sua multiplicidade.

[153] No mundo superdesenvolvido, a transformação total da natureza em segunda natureza faz mais do que completar o desaparecimento de sua forma original, a faz ressurgir como uma representação daquilo que falta ao desejo. A transformação da natureza em segunda natureza torna-se a transformação de segunda natureza em terceira natureza. Essa recente transformação é impulsionada em grande parte pelo desejo de reconstituir a natureza pelo menos como uma imagem de um desejo perdido. A terceira natureza aparece como a totalidade de imagens e histórias que fornecem à segunda natureza um contexto, um ambiente dentro do qual ela passa a se representar como o espetáculo de uma ordem natural.

[154] Uma vez que o vetor atinge o ponto de desenvolvimento da telestesia - a percepção à distância do telégrafo, do telefone, da televisão -, efetua uma separação do fluxo de comunicação, do fluxo de objetos e sujeitos e, assim, produz a aparência da informação como um mundo à parte. A informação - na forma mercantilizada da comunicação - torna-se a metáfora governante do mundo precisamente porque o domina na realidade. A terceira natureza emerge, assim, como a segunda natureza, da representação da natureza como propriedade. Tomada como informação, não apenas como recurso físico, a composição genética de toda a biosfera pode se tornar propriedade, seja como propriedade pública, seja privada. Essa pode, de fato, ser a última fronteira na luta pela apropriação do mundo como um recurso. Essa apropriação não é menos falsa e parcial do que as anteriores. É uma realidade ilusória que se conforma com a ilusão real da propriedade em nosso tempo.

[155] A terceira natureza, em sua totalidade, seu espetáculo de vetores e vetores de espetáculo, torna-se uma ecologia de imagens que ainda pode se tornar imagem de uma ecologia possível. A terceira natureza implacavelmente envolve o sujeito em imagens do mundo como seu objeto. Mas, em sua própria ubiquidade, dissolve as relações particulares dos sujeitos com os objetos e representa os sujeitos como um todo com a imagem de um mundo objetivo como um todo. Em sua própria falsidade, representa a relação entre sujeito e objeto como uma relação falsa, mas ainda assim como uma relação. A terceira natureza revela sua própria natureza como algo produzido.

[156] A terceira natureza revela-se como algo não apenas produzido, mas produtivo. A informação aparece como expressão, não apenas como representação, como algo produzido em sua diferença do mundo. O mundo aparece como algo produzido através da expressão da ação coletiva. A terceira natureza pode vir a existir para dar quantidades de objetos aos sujeitos como se fossem qualidades, mas acaba revelando a produção qualitativa da própria produção. Ou, pelo menos, essa virtualidade paira sobre a terceira natureza como sua promessa. Pode não haver retorno à natureza, mas, à medida que a terceira natureza se estende no tempo e no espaço, ela se torna o meio de expressão da produção de uma quarta natureza, uma quinta – natureza ao infinito – naturezas que podem superar os limites destrutivos da segunda natureza produzida pela sociedade de classes.

PRODUÇÃO

[157] A produção mescla objetos e sujeitos, quebrando seus invólucros, borrando suas identidades, misturando cada um em uma nova formação. A representação luta para acompanhar, reatribuir status objetivo e subjetivo aos produtos da produção. A produção é a repetição da construção e desconstrução da objetividade e da subjetividade no mundo.

[158] Hackear é a produção da produção. O hack produz uma produção de novo tipo, que tem como resultado um produto singular e único, e um produtor singular e único. Todo hacker é ao mesmo tempo produtor e produto do hack, e surge como uma singularidade que é a memória do hack como processo.

[159] O hack como puro hack, como pura produção da produção, expressa como uma instância singular a multiplicidade da natureza a partir da qual e dentro da qual ele se move como um acontecimento. Do acontecimento singular do hack vem a possibilidade de sua representação, e de sua representação vem a possibilidade de sua repetição como produção e de sua produção como repetição.

[160] A representação e repetição do hack singular como forma típica de produção se dá por meio de sua apropriação pela e como propriedade. A recuperação do hack para a produção assume a forma de sua representação para e dentro do social como propriedade. Mas o hack, em si, é sempre distinto de sua apropriação para a produção de mercadorias. A produção se dá a partir de um hack prévio que dá à produção sua forma formal, social, repetível e reprodutível.

Toda produção é um hack formalizado e repetido a partir de sua representação como propriedade. Produzir é repetir; hackear, diferenciar. Se a produção é o hack capturado pela propriedade e repetido, o hack é a produção produzida como outra coisa que não ela mesma.

[161] A produção transforma a natureza em elementos objetivos e subjetivos que formam um conjunto, no qual emerge uma segunda natureza. Essa segunda natureza se refere a uma dinâmica social entre objetos e indivíduos que podem se envolver em relações de produção para promover um desenvolvimento posterior, principalmente em termos quantitativos, enquanto segunda natureza. A aparência de uma distinção entre o natural e o social, o objetivo e o subjetivo, é o que a produção baseada na propriedade produz e reproduz como abstração.

[162] A transformação qualitativa da segunda natureza requer a produção da produção ou a intervenção do hack. O grau de dinamismo ou abertura de um Estado é diretamente proporcional à sua capacidade de hackear. O hack supera a distinção entre objeto e sujeito, o natural e o social, abrindo um espaço para a produção livre que não é marcada antecipadamente pelas propriedades de mercantilização. O hack é ao mesmo tempo a força que se abre para aumentar o excedente e algo profundamente ameaçador para quaisquer relações fixas e congeladas. Poucos Estados podem manter as condições nas quais o hack prospera, mesmo quando reconhecem seu poder. O hack sempre aparece como um problema para os formuladores de políticas, mesmo para os Estados mais abstratos.

[163] Um Estado que desenvolve o hack como uma forma de propriedade intelectual experimentará ao mesmo tempo um rápido crescimento em sua capacidade produtiva, mas também em sua capacidade qualitativa de transformação e diferenciação. Tal Estado desenvolve a segunda natureza até seu limite, mas contém em si as sementes de sua própria superação, uma vez que o hack se liberta do artifício dos limites da propriedade e dos limites do artifício. Esta é a ansiedade sem fim da classe vetorial: que a própria virtualidade da qual dependem, aquela estranha capacidade da classe hacker de cunhar novas propriedades para mercantilização, ameace criar novas formas de produção além da mercantilização, além do domínio de classe.

[164] O hack produz excedente útil e inútil. O excedente útil vai para a expansão do reino da liberdade arrancada da necessidade. O excedente inútil é o excedente da própria liberdade, a margem da produção livre não constrangida pela produção por necessidade. À medida que o excedente em geral se expande, também aumenta a possibilidade de expandir sua porção inútil, da qual surgirá a possibilidade de *hackeamento* além das formas existentes de propriedade.

[165] A produção de um excedente cria a possibilidade de expansão da liberdade da necessidade. Marx: "Além dele é que começa o desenvolvimento das forças humanas, considerado como um fim em si mesmo, o verdadeiro reino da liberdade, mas que só pode florescer sobre aquele reino da necessidade como sua base."* Na sociedade de classes, no entanto, a produção de excedente também cria novas necessidades. As sociedades produtoras de excedentes podem ser sociedades livres ou podem estar sujeitas à dominação de uma classe dominante

ou de uma coalizão de classes dominantes. O que exige explicação são os meios pelos quais as sucessivas classes dominantes capturam o excedente e o desviam da produção livre, em direção à reprodução e repetição do domínio de classe.

[166] A dominação de classe assume a forma da captura do potencial produtivo da sociedade e seu aproveitamento para a produção, não da liberdade, mas da própria dominação de classe. A classe dominante subordina o hack a formas de produção que promovem o poder de classe e a supressão ou marginalização de outras formas de hackeamento.

[167] Quando a classe de proprietários rurais domina, é indiferente a qualquer hack que possivelmente desenvolva uma produção não agrícola. A produção continua baseada na terra e voltada para a valorização da terra. Quando a classe capitalista domina, libera o hack para a produção de novas formas de produção útil, mas o subordina à acumulação de capital. O hackeamento que leva à produção de novos tipos de objetos consumíveis e sujeitos consumidores é o único tipo não marginalizado. Assim, enquanto a classe capitalista fornece recursos e encorajamento para a nascente classe hacker, ela está sob a condição de subordinação à mercantilização. Quando a classe vetorialista domina, ela libera o hack para a produção de muitos tipos de produção inútil, e por isso é frequentemente vista como uma aliada da classe hacker. A classe vetorialista age apenas por interesse próprio, pois extrai sua margem da mercantilização, não apenas da produção, ou seja, da produção da produção. Seu objetivo é a mercantilização do próprio hack.

[168] Sob o domínio ruralista ou capitalista, o hack livre e inútil é suprimido ou marginalizado, mas mantém sua própria economia de doação. Sob a regra vetorialista, o hack é ativamente encorajado e cortejado, mas apenas sob o signo da produção mercantilizada. Para o hacker, a tragédia do primeiro é ser negligenciado, do segundo, não ser negligenciado.

[169] Seja em sua fase ruralista, capitalista ou vetorial, a produção mercantilizada encena repetidamente uma luta dentro de sua classe dominante entre a fração que possui os meios de produção diretamente e aquela que pode controlá-los indiretamente através da acumulação de dinheiro para financiá-los. O poder das finanças é abstrato e abstrativo, quantificando e objetivando o mundo, direcionando recursos de um desenvolvimento para outro com velocidade crescente. O desenvolvimento das finanças é inseparável do desenvolvimento do vetor da telestesia, que libera fluxos de informações quantitativas e qualitativas de qualquer local específico. As finanças são aquele aspecto do desenvolvimento do vetor que representa seu poder de objetivação no mundo. No entanto, embora as finanças adquiram velocidade e viscosidade cada vez maiores à medida que o vetor se desenvolve, sempre dependem de encontrar uma saída produtiva para seus investimentos. Se a classe dominante é um vampiro, as finanças são o vampiro do vampiro.

[170] A produção cria não apenas o objeto como mercadoria, mas também o sujeito que se apresenta como seu consumidor, embora, na verdade, seja seu produtor. Sob a regra vetorialista, a sociedade torna-se de fato uma "fábrica social" que faz sujeitos tanto quanto objetos da transformação da natureza em segunda natureza. "Os processos de trabalho

saíram dos muros da fábrica para envolver toda a sociedade."* A classe capitalista lucra com a produção de mercadorias pela classe trabalhadora. A classe vetorialista lucra com a classe trabalhadora enquanto consumidora de sua própria subjetividade de forma mercantilizada.

[171] Os produtores de mercadorias, sejam agricultores manejando a terra, sejam trabalhadores manejando o torno mecânico ou a página, são produtos da produção. À medida que a produção de objetos se torna complexa e múltipla, o mesmo acontece com a subjetividade. Lukács: "Essa fragmentação do objeto de produção implica necessariamente a fragmentação do seu sujeito. Como consequência da racionalização do trabalho, as propriedades e as particularidades humanas do trabalhador aparecem cada vez mais como simples fontes do erro."* Novas indústrias inteiras então surgem prometendo terapias, diversão e curas milagrosas para tornar esse sujeito aberrante completo novamente, incluindo curas políticas milagrosas, que prometem reunir o sujeito dentro de seu invólucro, abolindo as complexidades vetoriais da produção. O hackeamento não pode ser um retorno a essa totalidade imaginária do ser, mas pode se abrir para o devir do virtual.

[172] A produção que produz sujeitos como se fossem objetos produz também seu próprio retorno - temporário - de uma produtividade livre para além do sujeito vetorial. Desde as grandes convulsões de 1989 no sul e no leste, o mundo é periodicamente varrido por estranhos eventos midiáticos globais, nos quais os movimentos captam seu momento, tomam as ruas e, através da captura do espaço simbólico, capturam também momentos do tempo da mídia, nos quais demonstram ao mundo que outra vida é possível. Seja em

Pequim ou Berlim, Seattle ou Seul, Gênova ou Joanesburgo, as classes produtivas chegam momentaneamente à mesma conclusão. Guattari: "A única finalidade aceitável das atividades humanas é a produção de uma subjetividade que enriqueça de modo contínuo sua relação com o mundo."* O que exige uma aplicação criativa do hack é a produção de novos vetores ao longo dos quais o evento possa continuar a se desenrolar após sua explosão inicial no espaço social e evitar a captura pela representação.

[173] O que as classes camponesa, operária e hacker têm em comum é o interesse em abstrair a produção de sua subordinação às classes dominantes que transformam a produção na criação de novas necessidades, arrancando a escravidão do excedente. O que falta às classes trabalhadoras e camponesas em conhecimento direto da produção livre, a classe dos hackers tem por experiência direta. O que falta à classe hacker é a profundidade de uma memória histórica de classe, de revolta contra a produção alienada. Isso as classes operária e campesina têm de sobra.

[174] Tendo produzido o excedente do qual a produtividade livre ainda pode ser hackeada, resta apenas combinar a existência objetiva das classes trabalhadoras e agrícolas com a capacidade subjetiva da classe hacker de produzir produção como produção livre. Os elementos de uma produtividade livre já existem de forma atomizada nas classes produtivas. O que resta é a liberação de sua virtualidade. A classe vetorialista sabe disso e faz o possível para reduzir a produtividade à propriedade, à informação, à comunicação, à expressão, à representação, à natureza, à necessidade.

[175] A classe vetorialista põe seu focinho no vale do excedente com base em uma forma de propriedade cada vez mais abstrata e, portanto, mais flexível do que a classe ruralista ou capitalista. Zizek: "A coisa só pode sobreviver como seu próprio excesso."* Mas a propriedade também apresenta um problema que ameaça sua existência. A chamada propriedade intelectual é aquela que não apenas tem uma existência legal separada de outra propriedade, mas é diferente em espécie. A terra precisa apenas ocupar um espaço diferente de outra terra, a propriedade do capital também precisa ser distinta no espaço e no tempo. A classe vetorialista depende da classe hacker para produzir as diferenças qualitativas de propriedade intelectual que ela possui diretamente, e indiretamente para lucrar, e dona dos vetores de sua distribuição. Depende da própria classe capaz de transformar em realidade a própria virtualidade que deve controlar para sobreviver.

PROPRIEDADE

[176] "Propriedade é roubo!"* como diz Proudhon. É o roubo abstraído, o roubo da natureza de si mesma, pelo trabalho social coletivo, constrangido dentro da forma de propriedade. A propriedade não ocorre naturalmente. Não é um direito natural, mas um produto histórico, produto de um hack poderoso de consequências ambivalentes. Tornar algo propriedade é separar esse algo de um *continuum*, marcá-lo ou limitá-lo, representá-lo como algo finito. Ao mesmo tempo, tornar algo propriedade conecta-o, por meio de uma representação dele como um objeto separado e finito, ao sujeito que o possui. O que é cortado de um processo junta-se a outro processo, o que era natureza torna-se uma segunda natureza.

[177] A propriedade funda a subjetividade burguesa, a subjetividade do proprietário. Mas também funda a subjetividade subalterna, a subjetividade do não proprietário. A propriedade funda a subjetividade como a relação entre posse e não posse. A propriedade forma a lógica do interesse próprio dentro do invólucro do sujeito, assim como forma a lógica do interesse de classe dentro do invólucro do Estado.

[178] Quando uma relação é produzida como uma relação de propriedade, então as coisas designadas dentro dela tornam-se comparáveis, como se estivessem nos mesmos termos e no mesmo plano. A propriedade é a sintaxe de um plano abstrato no qual todas as coisas podem ter uma qualidade em comum, a qualidade da propriedade. Essa abstração, na qual as coisas são destacadas de sua expressão, representadas como objetos e ligadas por meio de suas representações a uma nova

expressão, refaz o mundo à sua imagem, como um mundo feito para e pela propriedade. Parece que a propriedade forma os modos e meios da própria natureza, quando é meramente os modos e meios da segunda natureza da dominação de classe.

[179] As formas tradicionais de propriedade são locais e contingentes. A propriedade moderna ou vetorial é abstrata e universal. Com o fim do feudalismo, a propriedade torna-se uma relação abstrata e o conflito gerado pela propriedade também se torna abstrato. Torna-se um conflito de classes. Proprietários de propriedade surgem e colocam seus interesses contra não proprietários. À medida que a forma de propriedade abstrata evolui para incorporar primeiro a terra, depois o capital e, por fim, a informação, tanto proprietários quanto não proprietários são confrontados com as possibilidades de aliança de classes, bem como de conflito. Mas assim como a propriedade atravessa outras questões em conflito, também a posse ou não propriedade da propriedade privada abstrai e simplifica os fundamentos do conflito, na forma da disputa entre as classes proprietárias e não proprietárias.

[180] Os conflitos dos quais depende o desenvolvimento do mundo vetorial tornam-se conflitos de propriedade e, portanto, de classes: conflito sobre a forma de propriedade, a propriedade da propriedade, sobre o excedente produzido por meio da propriedade, sobre os limites da relação de propriedade por si. A divisão da propriedade, a abstração das coisas como propriedade, produz conflito ao criar a separação de sujeitos e objetos, e atribuir objetos a alguns sujeitos em detrimento de outros e, assim, a separação de uma expressão de subjetividade da outra. A identidade é o sujeito representando-se a si mesmo como as características que deseja, mas que não possui.

[181] A propriedade vem em muitas formas, e há antagonismos entre essas formas, mas uma forma de propriedade pode ser trocada por outra, pois todas as formas de propriedade pertencem ao mesmo plano abstrato. A propriedade vetorial é um plano no qual o objeto se confronta com aqueles sujeitos pertencentes ou excluídos de sua posse. O conflito entre as classes torna-se a luta para transformar uma forma de propriedade em outra. As classes dominantes lutam para converter em propriedade privada todas as propriedades das quais poderiam extrair um excedente. As classes produtivas lutam para coletivizar a propriedade da qual depende a reprodução de sua existência, via Estado. As classes dominantes então lutam novamente para privatizar esse componente social da propriedade. "Liberdade" e "Eficiência" *versus* "Justiça" e "Segurança" tornam-se a forma na qual a luta de classes se representa como uma luta pelos méritos de tipos rivais de propriedade. Somente na sociedade vetorial há tumultos por causa dos planos de aposentadoria.

[182] O conflito entre propriedade privada e pública avança em cada domínio que a propriedade reivindica como seu. À medida que a propriedade reivindica cada vez mais o mundo, cada vez mais o mundo interpreta seus interesses e seu ser em termos de propriedade. A luta pela propriedade vai primeiro para uma classe ou aliança de classe, depois para a outra, mas a propriedade só se consolida como a forma pela qual a luta é conduzida. À medida que a própria propriedade se torna cada vez mais abstrata, o mesmo acontece com a incorporação da história na forma de propriedade e da forma de propriedade na história.

[183] A terra é a principal forma de propriedade. A privatização da terra que é um bem produtivo como propriedade dá origem a uma classe de interesses entre seus proprietários. Esses proprietários são a classe ruralista. Os proprietários rurais adquirem a terra como propriedade privada por meio da desapropriação forçada de camponeses que tradicionalmente compartilham uma parte de terras comuns (*commons*). Esses camponeses, que antes desfrutavam de direitos recíprocos com seus senhores feudais, encontram-se "livres" – de qualquer direito. São livres para serem explorados como agricultores, mas também enfrentam, em várias partes do mundo, expropriação violenta, trabalho análogo à escravidão e contratos de trabalho forçado – ou seja, são também explorados.

[184] A exploração do agricultor sem-terra é um negócio grosseiro, violento e perdulário quando o agricultor não recebe incentivo para trabalhar a terra de forma eficiente. Mas quando o agricultor tem interesse na produtividade, motivado por uma relação de propriedade ou outra, geralmente como um proprietário livre que deve pagar o aluguel ao dono da terra, então a extração crescente de um excedente torna-se possível. Esse é o excedente sobre o qual se desenvolve a história de todas as outras produções.

[185] O instrumento da renda coloca a terra em jogo como uma forma de propriedade que tem um grau de abstração inerente a ela. Todas as terras tornam-se comparáveis com base nesse plano abstrato de propriedade. No entanto, a oferta de terra é mais ou menos fixa e, por definição, é fixa no local, de modo que a abstração da terra como propriedade é limitada. A terra é uma forma de propriedade particularmente sujeita à formação de monopólio. Os proprietários das melhores terras

não enfrentam concorrência efetiva, sendo a oferta de terras, em última instância, fixa. Gradualmente estendem sua propriedade e, portanto, sua capacidade de monopolizar o excedente por meio da extração de renda se não forem controlados pelo recurso aos poderes do Estado por outras classes.

[186] O capital é a forma secundária da propriedade. A privatização de ativos produtivos na forma de ferramentas e máquinas e também de materiais de trabalho faz surgir uma classe de interesse entre seus proprietários, a classe capitalista. Camponeses despossuídos, sem nada para vender a não ser sua capacidade de trabalhar, criam esse vasto estoque de capital como propriedade privada para a classe capitalista e, ao fazê-lo, criam um poder sobre e contra si mesmos. São pagos por meio de salários, mas o retorno que cabe aos donos do capital como propriedade é chamado de lucro.

[187] O instrumento do lucro põe em jogo o capital como uma forma de propriedade que tem um grau de abstração inerente a ela maior do que a terra. Todos os recursos físicos agora se tornam comparáveis com base nesse plano abstrato de propriedade. No entanto, o capital, ao contrário da terra, não está em oferta ou disposição fixa. Pode ser feito e refeito, movido, agregado, disperso. Um grau muito maior de potencial pode ser liberado do mundo como um recurso produtivo uma vez que o plano abstrato da propriedade inclua tanto a terra quanto o capital. Onde o valor da terra surge em parte da escassez natural, a escassez de coisas produzidas pela indústria produtiva requer a abstração da propriedade como um artifício para manter e reproduzir a escassez. A possibilidade de revolta contra a escassez surge pela primeira vez neste ponto da abstração da propriedade.

[188] O capital como propriedade também dá origem a um interesse de classe entre seus proprietários, às vezes oposto, às vezes aliado, ao das relações de classe, mas também se viu às vezes oposto à classe ruralista que consolidou o sistema de propriedade feudal na abstração da terra. O capital se opunha à capacidade dos proprietários rurais de explorar seu monopólio sobre o aluguel da terra para garantir a maior parte do excedente. Os interesses capitalistas e ruralistas lutam pela divisão do excedente entre renda e lucro. O ruralista tem o monopólio natural da terra, mas o capital costuma prevalecer, pois tem maior capacidade de captação.

[189] A história dá um salto qualitativo quando a classe capitalista se liberta do grilhão do interesse ruralista. A classe capitalista reconhece o valor do hack de forma abstrata, enquanto ruralistas demoram a perceber a produtividade que pode fluir da aplicação da abstração ao processo de produção. Sob a influência do capital, o Estado sanciona formas nascentes de propriedade intelectual, como patentes e direitos autorais, que garantem uma existência independente para os hackers como classe e um fluxo de inovações na cultura e na ciência das quais a história emana. O capital representa a propriedade privada para si mesmo como se fosse natural, mas passa a apreciar a extensão artificial da propriedade em novas formas produtivas sob o impacto do hack.

[190] A informação, uma vez que se torna uma forma de propriedade, desenvolve-se para além de um mero suporte para o capital e para uma classe ruralista tardiamente consciente do valor do aumento da produtividade para sua renda. Torna-se a base de uma forma de acumulação por direito próprio. Assim como fazendeiros e trabalhadores se deparam com uma

classe proprietária dos meios de produção, hackers também se deparam com uma nova classe de proprietários, nesse caso, dos meios de produção, armazenamento e distribuição de informação – a classe vetorialista. A classe vetorialista busca primeiro estabelecer seu monopólio sobre a informação – uma forma muito mais abstrata de propriedade do que a terra ou o capital – e, então, estabelecer seu poder sobre outras classes dominantes. Assegura o máximo possível do excedente como margem – o retorno sobre a propriedade da informação – às custas do lucro e do aluguel.

[191] Vista do atual estágio de desenvolvimento histórico, cada uma dessas classes dominantes parece desenvolver-se a partir da produtividade do hack. A classe ruralista se desenvolve a partir da produtividade da propriedade privada da terra, um hack legal. A classe capitalista se desenvolve a partir da produtividade, não apenas da propriedade privada, mas também das inovações técnicas em energia e maquinaria. A classe vetorialista se desenvolve a partir de inovações técnicas adicionais em comunicação e controle. Cada um, por sua vez, compete com seu antecessor. Cada um compete pela capacidade de extrair o máximo possível do excedente da produtividade total para sua própria acumulação. Cada um luta com as classes produtivas sobre a disposição do excedente. Mas o fato de haver um excedente cada vez maior pelo qual lutar é produto da aplicação da abstração do hacker à invenção de novas formas de produção ou novos desejos de consumo, tudo dentro da estrutura da propriedade.

[192] Os privados do acesso a um recurso devido à apropriação privada, passam a entender seus interesses em relação à propriedade. Podem lutar individualmente para se tornarem

donos dela, ou podem lutar coletivamente para se reapropriar de uma parte dela. De qualquer maneira, a propriedade torna-se o foco da luta das classes produtoras tanto quanto das classes proprietárias.

[193] Terra, capital e informação aparecem como domínios de luta entre os possuidores que defendem ou ampliam a reivindicação da propriedade privada e os despossuídos, que lutam para ampliar ou defender a propriedade pública. Trabalhadores agrícolas lutam contra a falta de terra. Operários contra sua espoliação, para reivindicar um *social wage*. Os hackers lutam para socializar uma parte dos estoques, fluxos e vetores de informação dos quais o hack depende.

[194] A classe hacker, que tem algum resquício de propriedade que lhe é conferido pelo instrumento da propriedade intelectual, vê seus direitos constantemente desafiados por interesses vetoriais. Hackers, como trabalhadores rurais e operários, antes deles, descobrem que sua propriedade das ferramentas imediatas de produção é comprometida tanto pelo poder de mercado da classe proprietária, que os confronta, quanto pela influência que essa classe pode ter sobre a definição, pelo Estado, das representações de propriedade. Assim, hackers enquanto indivíduos são obrigados a vender seus interesses, e hackers como classe descobrem que seus direitos de propriedade são diminutos.

[195] Hackers devem calcular seus interesses não como proprietários, mas como produtores, pois é isso que os distingue da classe vetorialista. Hackers não apenas possuem e lucram com a posse de informações, mas produzem novas informações e, como produtores, precisam acessá-las livres do

domínio absoluto da forma de mercadoria. Se o que define a atividade de hackeamento é ser uma produtividade livre, uma expressão da virtualidade da natureza, então, sua sujeição à propriedade privada e à forma de mercadoria é um grilhão sobre ela. "Quando o significado de uma sequência de caracteres pode ser comprado e fixado em seu lugar, isso representa a termodinâmica da linguagem reduzida a uma única câmara criogênica."*

[196] O fato de os hackers como classe terem interesse em informações como propriedade privada pode cegar a classe hacker para os perigos de uma insistência muito forte na proteção dessa propriedade. Qualquer pequeno ganho que o hacker obtém com a privatização da informação é comprometido pelo acúmulo constante dos meios de realização de seu valor nas mãos da classe vetorialista. Como a informação é crucial para o próprio hack, a privatização da informação não é do interesse da classe hacker. Para manter sua autonomia, os hackers precisam de algum meio de extrair renda do hack e, portanto, de alguma proteção limitada de seus direitos. Como a informação é uma entrada e também uma saída do hack, esse interesse deve ser contrabalançado com um interesse maior na distribuição livre de todas as informações. A curto prazo, alguma forma de propriedade intelectual pode garantir alguma autonomia para a classe hacker em relação à classe vetorialista, mas, a longo prazo, a classe hacker percebe sua virtualidade por meio da abolição da propriedade intelectual como um grilhão do próprio hack. A classe hacker liberta o hack hackeando a própria classe, realizando-se a partir da própria abolição.

[197] Onde o agricultor sofreu o cerco de terras comunitárias, o hacker deve resistir ao cerco da informação comum. Onde trabalhadores lutaram para tornar pública uma parte do excedente como seguridade social, hackers devem definir uma parte do excedente como segurança cultural e científica. O ato de hackear, como uma atividade experimental pura e livre, deve estar desembaraçado de qualquer restrição que não seja autoimposta. Somente a partir de sua liberdade hackeará os meios de produzir um excedente de liberdade e liberdade como excedente. Mas, como os movimentos de agricultores e operários, hackers podem decidir seguir uma política radical ou reformista e redefinir o que é radical e o que é reformista ao recuperar o interesse comum naquilo que, no jargão da classe vetorialista, é meramente "propriedade intelectual".

[198] Sem informação comum, todas as classes tornam-se cativas da privatização vetorialista da educação. Esse é um interesse que o hacker compartilha com agricultores e operários, que reivindicam a educação pública. Hackers, trabalhadores rurais e operários também têm um interesse comum em uma informação comum (*information commons*) com a qual possam manter um olhar vigilante sobre o Estado, que muitas vezes está sujeito à captura por meio da classe dominante. Mesmo classes ruralistas e capitalistas, às vezes, podem ser aliadas para limitar a sujeição da informação pela classe vetorialista à mercantilização. O interesse vetorialista se apega a um poder de monopólio sobre a informação e coloca o monopólio do excedente à frente da expansão do excedente. O que é "eficiente" para a classe vetorialista pode impedir o desenvolvimento do excedente e, portanto, a virtualidade da história.

[199] A classe hacker deve pensar taticamente sobre a propriedade, equilibrando propriedade pública e privada nas escalas de interesse de classe e aliança de classe, mas sabendo que a privatização da informação não é de seu interesse de longo prazo como classe. Parte de sua estratégia pode ser o alistamento de outras classes em uma aliança para a produção pública de informação. Mas outra estratégia pode ser estender outro tipo de propriedade – a propriedade que é a dádiva.

[200] Tanto a forma privada quanto a pública de propriedade são propriedades nas quais os sujeitos confrontam os objetos como compradores e vendedores, por meio do meio quantitativo do dinheiro. Mesmo a propriedade pública não altera essa quantificação. A economia mercantilizada, pública ou privada, mercantiliza tanto seus sujeitos quanto seus objetos e impõe um limite à virtualidade da natureza.

[201] A propriedade privada surgiu em oposição não apenas à propriedade feudal, mas também às formas tradicionais da economia da dádiva, que impedem o aumento da produtividade da economia mercantilizada. O dinheiro é o meio pelo qual a terra, o capital, a informação e o trabalho se confrontam como entidades abstratas, reduzidas a um plano abstrato de medição. A troca qualitativa é substituída pela troca quantificada e monetarizada. A dádiva como propriedade é pura troca qualitativa. A dádiva torna-se uma forma marginal de propriedade, invadida, por toda parte, pela mercadoria e voltada para o mero consumo. A dádiva é marginal, mas mesmo assim desempenha um papel vital na consolidação de relações recíprocas e comunais entre pessoas que, de outra forma, só podem se confrontar como compradores e vendedores de mercadorias.

[202] À medida que a produção se desenvolve em sua forma vetorizada, surgem os meios para a renovação da economia da dádiva. A forma vetorial da relação permite uma abstração da troca qualitativa que pode se tornar tão vasta e poderosa quanto a da troca quantitativa. Onde quer que o vetor alcance, ele traz para a órbita da mercadoria. Mas onde quer que o vetor alcance, ele também traz consigo a possibilidade de "abertura da dimensão do presente, sua graça ou beleza, entre o precioso e o livre, entre o único e o ordinário".

[203] A classe hacker tem uma grande afinidade com a economia da dádiva. O hacker luta para produzir uma subjetividade qualitativa e singular, em parte pelo próprio ato de hackear, mas apenas em parte. O hack revela ao hacker a dimensão qualitativa, aberta e virtual da imersão do hacker na natureza, mas não revela o hacker como hacker para outros hackers ou para o mundo. O hack revela o excedente não subjetivo da subjetividade, assim como revela o excedente não objetivo da objetividade.

[204] A dádiva, como troca qualitativa, cria produtores singulares e produção como singularidade. A dádiva expressa a virtualidade da produção da produção, enquanto a propriedade mercantilizada representa o produtor como um objeto, uma mercadoria quantificável como qualquer outra, de valor apenas relativo. A dádiva da informação não precisa gerar conflito sobre a informação como propriedade, pois a informação não precisa sofrer o artifício da escassez.

[205] A relação de dádiva da informação vetorizada torna possível, pela primeira vez desde o surgimento do mundo vetorial, uma nova abstração da natureza. A natureza não

precisa ser objetivada. Não precisa aparecer como algo separado de seus súditos em uma relação de propriedade ou não propriedade. A natureza aparece em seu aspecto qualitativo, ao invés de quantitativo. O paradoxo insustentável da produtividade ilimitada baseada na escassez, tanto natural quanto antinatural, não precisa se estender continuamente até sua queda aparentemente inevitável. Dentro da relação de dádiva, a natureza aparece como infinitamente produtiva em suas diferenças, em seu aspecto qualitativo, não quantitativo. Surge a possibilidade de colocar os recursos finitos da natureza para trabalhar pela virtualidade da diferença, ao invés de objetivação e quantificação. Estas últimas aparecem finalmente como abstrações parciais, como estando aquém da abstração da abstração. Se propriedade é roubo, então é roubo, em primeira instância, da natureza. A dádiva tem a capacidade de devolver a si mesma a natureza.

[206] A classe vetorialista contribui, involuntariamente, para o desenvolvimento do mundo vetorial, dentro do qual poderia retornar a dádiva como limite da propriedade, mas logo reconhece seu erro. À medida que a economia vetorial se desenvolve, cada vez menos assume a forma de um espaço público de troca aberta e livre de dádivas, e cada vez mais assume a forma de produção mercantilizada para venda privada. A classe vetorialista pode acomodar relutantemente alguma margem de informação pública, como o preço que paga ao Estado para promover seus principais interesses. Mas a classe vetorialista vê com razão na dádiva um desafio não apenas aos seus lucros, mas à sua própria existência. A economia da dádiva é a prova virtual da natureza parasitária e supérflua de vetorialistas enquanto classe.

REPRESENTAÇÃO

[207] A política da informação e a história do conhecimento avançam não por meio de uma negação crítica de falsas representações, mas de um hackeamento positivo da virtualidade da expressão. A representação sempre imita, mas é menos do que representa; a expressão sempre difere, mas supera, a matéria-prima de sua produção.

[208] Toda representação é falsa. Uma semelhança difere necessariamente daquilo que ela representa. Se não o fizesse, seria o que representa e, portanto, não uma representação. A única representação verdadeiramente falsa é a crença na possibilidade de representação verdadeira.

[209] A propriedade, mera representação, instala-se no mundo, falsificando o real. Quando os poderes do falso conspiram para produzir o real, então hackear a realidade é uma questão de usar os poderes reais do falso para produzir o falso como o poder real. Este é o poder de falsificar a verificação da propriedade de sua própria falsa veracidade, proliferando novas possibilidades ao deslocar a falsa necessidade do mundo.

[210] É a própria crítica que é o problema, não a solução. A crítica é uma ação policial na representação, a serviço apenas da manutenção do valor da propriedade por meio da fixação de seu valor. O problema é sempre entrar em outro tipo de produção, a produção do virtual, não do crítico. O único papel da crítica é criticar a própria crítica e, assim, abrir o espaço para a afirmação.

[211] A crítica da representação sempre mantém uma escassez artificial de interpretação "verdadeira". Ou, o que não é melhor, mantém uma escassez artificial de intérpretes "verdadeiros", donos do método, que são licenciados pelo jogo de soma zero da crítica e contracrítica para vender, se não representações verdadeiras, pelo menos o método verdadeiro para desconstruir as falsas. "Os teóricos começam como autores e terminam como autoridades."* Isso se encaixa perfeitamente na dominação da educação pela classe vetorial, que busca a escassez e o prestígio desse ramo da produção cultural, produto *premium* para os sujeitos mais sensíveis. A teoria crítica torna-se teoria hipócrita/hipo-crítica.[6]

[212] O que uma política de informação pode afirmar é a virtualidade da expressão. O excedente inesgotável de expressão é aquele aspecto da informação do qual depende o interesse de classe dos hackers. O hackeamento traz à existência a multiplicidade de todos os códigos, sejam eles naturais ou sociais, programados ou poéticos, lógicos ou analógicos, anais ou orais, auditivos ou visuais. Mas é o ato de hackear que compõe, ao mesmo tempo, o hacker e o hack. O hackeamento não reconhece nenhuma escassez artificial, nenhuma licença oficial, nenhuma força policial credenciada além daquela composta pela relação de dádiva entre os próprios hackers.

[213] A crítica da política da representação é ao mesmo tempo a crítica da representação como política. Ninguém está autorizado a falar em nome dos constituintes como propriedades

[6] N. do T: Aqui a autora faz um jogo de palavras "*Critical theory becomes hypo-critical theory*".

ou nas propriedades dos constituintes. Mesmo este manifesto, que invoca um nome coletivo, o faz sem reivindicar ou buscar autorização, e oferece para o acordo apenas a dádiva de sua própria possibilidade.

[214] No invólucro do Estado, forças concorrentes lutam para monopolizar a representação de sua maioria. A política representativa opõe uma representação à outra, verificando uma pela crítica da outra. Cada uma luta para reivindicar sujeitos como sujeitos, fechando o invólucro deste sujeito dentro do Estado.

[215] A política representativa ocorre com base na acusação de falsa representação. Uma política expressiva aceita a falsidade da expressão como parte do surgimento de uma classe como um interesse. As classes nascem como classes para si mesmas, expressando-se, diferenciando-se de si mesmas e superando suas próprias expressões. Uma classe é incorporada em todas as suas expressões, não importa quão múltiplas sejam.

[216] As classes dominantes mantêm um espaço de expressão do desejo, ao mesmo tempo em que impõem representação às classes subalternas. O poder dominante sabe que nada mais é do que sua expressão e a superação de sua expressão. E assim supera a si mesmo, dividindo-se e transformando-se, mutando-se de uma expressão ruralista para capitalista e, depois, à uma expressão vetorialista. Cada expressão promove em sua diferença a abstração da propriedade que gera classe como bifurcação de diferenças, de posse e não posse. A classe dominante, em cada uma de suas mutações, precisa das classes produtoras apenas para fins de exploração, para a extração do excedente. Não tem necessidade do

reconhecimento de si enquanto si mesma. Precisa apenas do vetor ao longo do qual muda e pulsa. As classes produtoras, igualmente, nada ganham com o reconhecimento que lhes é imposto em sua luta com seus senhores, que serve apenas para mantê-las em seu lugar.

[217] As classes produtivas são apanhadas em suas próprias expressões como se fossem representações, fazendo da representação o teste da verdade de sua própria existência, e não vice-versa. Ou pior, as classes produtivas ficam presas em representações que nada têm a ver com o interesse de classe. São apanhadas em nacionalismo, racismo, geracionalismo, vários fanatismos. Não há representação que confira identidade às classes produtoras. Não há nada em torno do qual suas multiplicidades possam se unir. Há apenas a abstração da propriedade que produz uma multiplicidade bifurcada, dividida entre classes proprietárias e não proprietárias. É a própria abstração que deve ser transformada, não as representações que ela impõe a seus sujeitos subalternos como identidade negativa, como falta de posse.

[218] Mesmo quando as representações servem a uma função útil, ao identificar formas não classistas de opressão ou exploração, elas ainda se tornam meios de opressão. Elas se tornam o meio pelo qual os mais aptos a serem objeto da representação recusam o reconhecimento aos menos aptos a se identificarem com ela. O Estado torna-se o árbitro dos referentes, colocando demandantes uns contra os outros, enquanto as classes dominantes fogem da representação e realizam seu desejo como a plenitude da posse.

[219] A política da representação é sempre a política do Estado. O Estado nada mais é do que o policiamento da adequação da representação ao corpo daquilo que ela representa. Que essa política seja sempre aplicada apenas parcialmente, que apenas alguns sejam considerados culpados de deturpação, é a injustiça de qualquer regime baseado em primeiro lugar na representação. Uma política de expressão, por outro lado, é uma política de indiferença à ameaça e contra-ameaça de expor a inconformidade entre signo e referente. Benjamin: "A exclusão da violência em princípio é explicitamente demonstrável por um fator significativo: não há sanção para a mentira."*

[220] Mesmo em sua forma mais radical, a política da representação sempre pressupõe um Estado ideal que atuaria como fiador de suas representações escolhidas. Anseia por um Estado que reconheça este ou aquele sujeito oprimido, mas que ainda assim seja um desejo de Estado, e um Estado que, no processo, não seja contestado como executor do interesse de classe, mas seja aceito como o juiz da representação.

[221] E sempre, o que escapa do contragolpe efetivo nesse Estado imaginário e esclarecido é o poder das classes dominantes, que não precisam de representação, que dominam por meio da posse e controle da produção, inclusive a produção da representação. O que pede para ser hackeado não são as representações do Estado, mas a regra de classe baseada em uma bifurcação exploradora da expressão em falta e plenitude.

[222] E sempre, o que está excluído mesmo desse Estado iluminado, imaginário, seriam aqueles que recusam a representação, ou seja, a classe hacker como classe. Hackear é recusar representação, fazer com que as coisas se expressem de outra

forma. Hackear é sempre produzir a estranha diferença na produção de informação. Hackear é perturbar o objeto ou o sujeito, transformando de alguma forma o próprio processo de produção pelo qual objetos e sujeitos passam a existir e se reconhecem por suas representações. O hack toca o irrepresentável, o real.

[223] Uma política que abarca sua existência como expressão, como diferença afirmativa, é a política que pode escapar do Estado. Recusar, ou ignorar, ou plagiar a representação, renunciar às suas propriedades, negar-lhe o que lhe é devido, é iniciar uma política, não do Estado, mas da apatridia. Isso pode ser uma política que recusa a autoridade do Estado para autorizar o que é uma declaração valorizada e o que não é. Lautréamont: "O plágio é necessário. O progresso o implica."* Ou melhor: o progresso é possível, o plágio o implica.

[224] A política de expressão fora do Estado é sempre temporária, sempre se tornando outra coisa. Ela nunca pode pretender ser verdadeira consigo mesma. Qualquer expressão apátrida ainda pode ser capturada pela polícia de representação autorizada, atribuída a um valor e sujeita à escassez e à mercantilização. Esse é o destino de todo e qualquer hack que venha a ser valorizado como útil.

[225] Até hacks inúteis podem vir, perversamente, a ser valorizados pela pureza de sua inutilidade. Não há nada que não possa ser valorizado como representação. Não há nada que não possa ser criticado e, portanto, valorizado de qualquer maneira, em virtude da atenção dada às suas propriedades. O hack é conduzido à história por sua condição de existência – a expressão – que clama pela renovação da diferença.

[226] Por toda parte, a insatisfação com as representações está se espalhando. Às vezes é uma questão de compartilhar alguns megabytes, às vezes de quebrar algumas vitrines. Mas essa insatisfação nem sempre supera uma crítica que coloca a revolta diretamente nas mãos de um ou outro representante, oferecendo apenas outro Estado como alternativa – mesmo que apenas utópica.

[227] A violência contra o Estado, que raramente significa mais do que atirar pedras em sua polícia, é apenas o desejo de Estado expresso em sua forma masoquista. Onde alguns pedem um Estado que abrace sua representação, outros pedem um Estado que os espanque. Tampouco uma política que escapa ao desejo cultivado no sujeito pelo aparato educacional – o estado de desejo que é apenas desejo pelo Estado.

[228] Uma política expressiva nada tem a temer da velocidade do vetor. A expressão é um evento que atravessa o espaço e o tempo, e rapidamente descobre que o vetor da telestesia oferece um excelente expansor e extensor do espaço e do tempo dentro do qual a expressão pode transformar a experiência e liberar o virtual. A representação sempre fica atrás do evento, pelo menos no início, mas logo produz as narrativas e imagens com as quais pode conter e conformar o evento a uma mera repetição, negando ao mesmo sua singularidade. Não é que "uma vez que algo extramídia é exposto à mídia, ele se transforma em outra coisa".* É que, uma vez que a representação finalmente supera a expressão dentro do vetor, o evento, em sua singularidade, acabou. Seja qual for o novo espaço e tempo que hackeou, torna-se um recurso para eventos futuros no interminável festival de expressão.

[229] Mesmo em seu melhor, em sua forma mais abstrata, em seu melhor comportamento, o Estado multicultural daltônico, neutro em termos de gênero, apenas transfere o valor da representação para a objetificação. Em vez de reconhecer ou deixar de reconhecer as representações do sujeito, o Estado valida todas as representações que assumem a forma de mercadoria. Embora isso seja um progresso, particularmente para aqueles anteriormente oprimidos pelo fracasso do Estado em reconhecer suas propriedades como legítimas, para no reconhecimento de expressões de subjetividade que recusam a objetificação na forma de mercadoria e buscam, em vez disso, tornar-se algo diferente de uma representação que o Estado pode reconhecer e o mercado pode valorizar.

[230] Às vezes, o que se exige da política da representação é que ela reconheça um novo sujeito. As minorias de raça, gênero, sexualidade – todas exigem o direito à representação. Mas logo eles descobrem o custo. Eles devem agora se tornar agentes do Estado, devem policiar o significado de sua própria representação e policiar a adesão de seus membros a ela.

[231] Mas há algo mais, algo sempre pairando no horizonte do representável. Há uma política do irrepresentável, uma política da apresentação da demanda inegociável. Esta é a política como recusa da própria representação, não a política de recusa desta ou daquela representação. Uma política que, embora abstrata, não é utópica. Uma política que é atópica em sua recusa do espaço de representação, em seu corte para os deslocamentos de expressão. Uma política que é "portanto indetectável, não identificável, invisível, não reconhecível, furtiva não pública".

[232] Em sua demanda infinita e sem limites, uma política de expressão pode até ser a melhor forma de extrair concessões na luta de classes, justamente por sua recusa em dar um nome – ou um preço – ao que a revolta deseja. Veja que benesses serão oferecidas quando quem demanda não nomeia sua demanda ou mesmo se nomeia, mas pratica a própria política como uma espécie de hack. Na política de expressão, um hack pode se dignar a se desmascarar, a concordar com a representação, apenas o tempo suficiente para fazer um acordo e seguir em frente. Uma política que se revela como tudo menos expressão pura, apenas o tempo suficiente para manter os policiais do significado tentando adivinhar. Como afirma Lovink: "Aí vem o novo desejo."*

REVOLTA

[233] As revoltas por volta de 1989 são os eventos marcantes do nosso tempo. No leste e no sul, as classes produtivas se levantaram contra todas as formas de tirania e tédio. Pequenos agricultores e operários – trabalhadores em negócios materiais e imateriais – todos formaram alianças contra as formas mais opressivas e tediosas do Estado. Misturados a eles estavam hackers, hackers de todos os tipos, inclusive, não poucos, nascidos da luta, que são hackers da própria política.

[234] Em Pequim e Berlim, Manila e Praga, Seul e Joanesburgo surgiram alianças que poderiam virar os fluxos vetoriais de informação contra Estados acostumados a policiar representações, quebrando as cabeças que as questionavam. O quebrar de cabeças confrontou o hackeamento de códigos, e o hack venceu.

[235] Se apenas por um momento. O que as revoltas de 1989 alcançaram foi a derrubada de regimes tão impermeáveis ao reconhecimento do valor do hack que haviam privado não apenas seus hackers, mas também seus operários e agricultores de qualquer aumento no excedente. Com seu clientelismo e cleptocracia, sua burocracia e ideologia, sua polícia e espiões, eles privaram até mesmo os proprietários rurais e os capitalistas de transformação e crescimento inovadores. A revolta de 1989 acabou com tudo isso.

[236] Ela não teve sucesso em todos os lugares. Nos quatro Estados mais populosos, na China, Rússia, Índia e Indonésia, não houve uma ruptura bem-sucedida com a velha ordem. A Índia

deu uma guinada reativa em direção ao nacionalismo espiritual. A Rússia afundou na cleptocracia e no controle da polícia secreta. A Indonésia viu uma revolta democrática ousada, mas frágil e incompleta. Na China, a Deusa da Democracia permaneceu brevemente na Praça da Paz Celestial, antes de se tornar uma expressão global de um movimento fugitivo.

[237] Nos "Estados da linha de frente" da velha Guerra Fria, as forças de revolta foram mais bem-sucedidas. Em Taiwan, Coreia, Tailândia e Filipinas; na Tchecoslováquia, Alemanha Oriental, Polônia, Hungria, Eslovênia e nos Estados bálticos, as forças da revolta empurraram as velhas classes dominantes para uma nova forma de Estado, na qual novos movimentos em direção à abstração pelo menos têm uma chance de lutar.

[238] Na América Latina, a chamada "transição" produziu resultados mistos, minando os Estados autoritários, mas também minando a propriedade socializada das classes produtivas através da privatização e dos orçamentos de "austeridade". No Oriente Médio, as classes dominantes usaram principalmente o Estado como um baluarte contra a abertura ao mundo, ao preço do aumento da repressão e do subdesenvolvimento, ou corrupção e roubo naqueles Estados onde o petróleo turva as águas. Na África, os movimentos democráticos raramente fizeram muito progresso contra as forças da maré da divisão étnica, esse legado venenoso do colonialismo, ou contra o novo colonialismo do poder vetorial. A África do Sul foi uma exceção notável e uma inspiração para o mundo.

[239] As revoltas que se agrupam em torno daquele ruidoso ano de 1989 tiveram resultados mistos. Mas elas alertam o

Estado, em todos os lugares, que, na era vetorial, qualquer Estado que não puder reconhecer o valor do hack, que não puder incorporar a transformação em seu ser, logo será forçado a encontrar diversões cada vez mais extremas para os desejos das classes produtivas.

[240] As classes produtivas viram o que o mundo tem a oferecer e querem tudo. Não há como pará-las. Quaisquer que sejam as dúvidas que as boas pessoas do mundo superdesenvolvido possam ter sobre a generosidade do vetor, a boa vida de consumo e a liberdade equívoca que todos agora veem como cortesia da telestesia, o resto do mundo está vindo para obtê-lo, pronto ou não. "Aqueles que são contra, enquanto escapam das coações locais e particulares da condição humana, precisam também tentar continuamente construir um novo corpo e uma nova vida."* E não qualquer corpo – um corpo abstrato, um corpo de expressão.

[241] As revoltas de 1989 derrubaram o tédio e a necessidade… Pelo menos por um tempo. Colocaram de volta na agenda histórica mundial a demanda ilimitada por liberdade de expressão… Pelo menos por um tempo. Elas revelaram o destino latente da história mundial para expressar a pura virtualidade do devir… Pelo menos por um tempo. Mas então novos Estados se uniram, reivindicando legitimidade como representações do que a revolta desejava. Oh, que tempo era aquele!

[242] As revoltas de 1989 abriram o portal para o virtual, mas os Estados que se reagruparam em torno dessa abertura logo o fecharam. Elas afirmaram novas teorias de transformação, que foram rapidamente reescritas como o fim da história. O que as revoltas realmente conseguiram foi tornar o mundo

seguro para o poder vetorial. A abertura foi, afinal, relativa, não absoluta. O falido capitalismo de Estado do leste e o cleptocapitalismo do sul podem ter sido derrubados por um desejo ilimitado, mas esse desejo logo teve que confrontar a realidade de se tornar uma zona de livre comércio para uma aliança global emergente de classes dominantes e um depósito de lixo para as imagens consumíveis da economia vetorial.

[243] Novas circunstâncias exigem novas teorias e novas práticas, mas também o cultivo de variantes, alternativas, cepas mutantes. As revoltas de 1989 podem ter florescido e murchado, mas são uma semente para movimentos futuros. Enquanto houver passado, haverá futuro; enquanto houver memória, haverá possibilidade. Debord: "teorias são feitas apenas para morrer na guerra do tempo."*

[244] Os chamados protestos antiglobalização do final dos anos 1990 – Seattle, Gênova – são um desdobramento desses fecundos eventos de 1989, mas um desdobramento que não conhece a corrente a que verdadeiramente pertenceu. Esse movimento heterogêneo de revolta no mundo superdesenvolvido intui o crescente poder vetorial como um inimigo de classe, mas com muita frequência ele se deixou capturar pelos interesses parciais e temporários das classes capitalistas e ruralistas locais. Não sabia como conectar seus desejos aos do mundo subdesenvolvido, para o qual de certa forma é um impedimento.

[245] Mas essa revolta está em sua infância. Ainda não descobriu a conexão entre seu motor de desejo ilimitado e livre expressão e a arte de fazer exigências táticas. Ainda precisa descobrir como, quando e no interesse de quem, mascarar sua livre expressão sem rosto com uma representação de

interesses que corresponda à mais ampla coalizão de forças de classe por um futuro livre e justo. Ou melhor, redescobrir, como tudo isso já se sabe na história secreta da revolta – esse outro saber e o saber do outro.

[246] Há duas direções na política, ambas podem ser encontradas na luta de classes dentro das nações e na luta imperial entre as nações. Uma direção é a política do invólucro, ou da membrana. Procura se abrigar dentro de um passado imaginado. Procura usar as fronteiras nacionais como um novo muro, uma tela atrás da qual alianças improváveis podem proteger seus interesses existentes em nome de um passado glorioso. Deleuze: "O método deles é opor-se ao movimento."* A política a que ela se opõe é a política do vetor. Essa outra política busca acelerar rumo a um futuro desconhecido. Procura usar os fluxos internacionais de informação, comércio ou ativismo como meios ecléticos para lutar por novas fontes de riqueza ou liberdade que supere as limitações impostas por invólucros nacionais ou comunais.

[247] Nenhuma dessas políticas corresponde à velha noção de esquerda ou direita, que as revoluções de 1989 superaram definitivamente. A política do invólucro reúne impulsos ludistas da esquerda com impulsos racistas e reacionários da direita em uma aliança profana contra novas fontes de poder. A política vetorial raramente assume a forma de uma aliança, mas constitui dois processos paralelos travados em um diálogo de suspeita mútua, no qual as forças liberalizantes da direita e as forças da justiça social e dos direitos humanos da esquerda buscam soluções não nacionais e transnacionais para desbloquear o sistema de poder que ainda se acumula no nível nacional.

[248] Ao contrário do mito popular, as revoltas de 1989 atingiram a direita, não a esquerda. O colapso do stalinismo removeu a força externa que mantinha unidas as forças envelopadoras e vetoriais da direita. As forças políticas de direita, que representam em sua forma mais pura os compromissos aceitáveis para as classes dominantes, tiveram que reagrupar, das ruínas da guerra fria, os elementos de sua aliança dentro dos quais as expressões mais extremas de populismo, nacionalismo e racismo podem ser domadas - mas mantidas - a serviço da classe dominante.

[249] As forças políticas da esquerda, que se estendem amplamente para acomodar todos os interesses que as classes produtoras devem abraçar para alcançar algum domínio sobre o poder do Estado, não experimentaram tal momento esclarecedor. A esquerda ainda não sabe que enfrenta uma escolha entre o borrão do internacionalismo vetorial e as identidades fictícias do nacionalismo. Ainda não articulou uma democracia global alternativa que possa garantir o apoio popular. Ainda não encontrou a fórmula para conter e neutralizar o particularismo chauvinista e regional. A esquerda, quando no poder, ziguezagueia ansiosamente entre concessões táticas para um lado ou para o outro, reduzindo seu amplo apoio de ambas as pontas ao mesmo tempo.

[250] O globalismo, como o poder transcendente da classe vetorialista sobre o mundo, dificilmente é uma opção palatável; mas também não é ceder às demandas injustas de interesse local e particular, que recusa o chamado de uma justiça abstrata, global, e se esconde atrás da tela que cerca o Estado. Como essa tela também é propriedade da classe vetorialista, isso dificilmente é uma alternativa, são apenas os mesmos

fins alcançados por meio da objetivação de outro desejo. De qualquer forma, não é bem um plano: progresso acelerado para o inferno ou o purgatório permanente de deter o atual equilíbrio de injustiça.

[251] Há uma terceira política, que fica fora das alianças e compromissos do mundo pós-89. Onde tanto a política de invólucro, quanto a política vetorial, são políticas representativas que lidam com alianças e interesses partidários agregados, essa terceira política é uma política sem Estado, que busca escapar da política como tal. É uma política do hack, inventando relações fora da representação. Como as representações inevitavelmente falham em cumprir suas promessas na realidade, não há muito a perder com uma abertura para a política além dela. Em vez de uma política representativa, representando a defesa do movimento ou a oposição ao movimento, há uma política expressiva que escapa à representação. Blissett: "Não avance a ação de acordo com um plano."*

[252] A política representativa é uma política que luta para assegurar às classes aliadas na luta o comando da propriedade, seja ela pública ou privada. A política expressiva procura minar a própria propriedade. A política expressiva não é a luta para coletivizar a propriedade, pois isso ainda é uma forma de propriedade. O modo coletivista de propriedade administrada pelo Estado mostrou-se falido pelas revoluções de 1989, assim como a cleptocracia do sul, onde os interesses estatais e privados eram os mesmos. A política expressiva é a luta para libertar o que pode ser livre de ambas as versões da forma de mercadoria: sua forma de mercado totalizante e sua forma de Estado burocrático.

[253] O que pode estar completamente livre da forma de mercadoria não é a terra, nem o capital, mas a informação. Todas as outras formas de propriedade são exclusivas. A titularidade de um exclui, por definição, a titularidade de outro. A relação de classe pode ser atenuada, mas não superada. A classe vetorialista vê no desenvolvimento de meios vetoriais de produção e distribuição o meio definitivo para mercantilizar o globo por meio da mercantilização da informação. Mas a classe hacker pode perceber a partir da mesma oportunidade histórica que os meios estão à mão para desmercantilizar a informação. A informação é a dádiva que pode ser compartilhada sem diminuir nada além de sua escassez. A informação é aquilo que pode escapar completamente da forma de mercadoria. A informação escapa da mercadoria como história e da história como mercantilização. Liberta a abstração de sua fase mercantilizada.

[254] Falar sobre o fim da informação como propriedade deixa os advogados e liberais nervosos. Lessig: "Questionar o alcance da 'propriedade' não é questionar a propriedade."* Mas por que não? Por que apenas uma crítica limitada de alguns monopolistas vetoriais – como se o câncer da mercantilização estivesse restrito ao monopólio. Talvez, no que diz respeito à informação, a forma de mercadoria seja o câncer e os monopólios sejam apenas mortos-vivos.

[255] A política só pode se tornar expressiva quando é uma política de liberação da virtualidade da informação. Ao liberar a informação de sua objetificação como mercadoria, libera também a força subjetiva da expressão. Sujeito e objeto se encontram fora de sua mera falta um do outro, por seu desejo meramente um pelo outro, pelo desejo administrado

pelo Estado no interesse de manter a forma de mercadoria da escassez.

[256] A política expressiva torna-se uma política viável apenas no momento em que surge uma classe que pode não apenas conceber a liberdade da propriedade como de seu interesse de classe, mas que pode propor às classes produtoras que isso seja do interesse das classes produtoras como um todo. Essa classe é a classe hacker, que inventa a abstração do sujeito e do objeto, na qual ambos se encontram fora do constrangimento da escassez e da falta, e se encontram para se afirmarem em novas formas de expressão, em vez da triste dança da falta insatisfeita.

[257] Essa política expressiva não busca derrubar o Estado, nem reformar suas estruturas mais amplas, nem preservar sua estrutura para manter uma coalizão de interesses existente. Procura permear os Estados existentes com um novo estado de existência. Ela espalha as sementes de uma prática alternativa da vida cotidiana.

ESTADO

[258] O Estado é primeiro e último invólucro, uma membrana permeável, uma pele, dentro da qual brota uma interioridade. Essa interioridade passa a se conhecer como sua representação – como um plano unificado, abstrato, mas limitado – distinto do que ela exclui como fora. Mas o fechamento e a interioridade do Estado só são possíveis pelo vetor, que fornece os meios materiais para produzir a consistência interna de seu plano abstrato. Esse mesmo vetor que possibilita o envoltório do Estado é também aquilo mesmo que ameaça permeá-lo, abrindo buracos que ultrapassam a capacidade de fechamento de sua representação como interioridade.

[259] O vetor vem primeiro, e depois o invólucro; o Estado é vetorial antes de ser "disciplinar". Primeiro vem a capacidade de subordinar as particularidades do espaço à abstração do vetor, produzindo um espaço homogêneo, delimitado apenas pelos limites do vetor. O espaço extensivo é a pré-condição para o espaço intensivo, para o fechamento e monitoramento de um mundo interior, que pode ser classificado e ordenado.

[260] O mundo superdesenvolvido torna-se superdesenvolvido por sua capacidade precoce de projetar o vetor no espaço, designando o mundo subdesenvolvido como um mundo de recursos objetivos e subjetivos para exploração. O mundo superdesenvolvido protege-se dentro de Estados que, ao mesmo tempo, projetam um vetor além, ao longo do qual extrair recursos, enquanto limitam a capacidade do mundo subdesenvolvido de trafegar ao longo do mesmo vetor. O mundo subdesenvolvido adquire o invólucro do Estado de forma

reativa, como uma espécie de proteção contra o vetor, mas depende, por sua vez, do vetor para construir seu próprio espaço abstrato interno. O vetor é a ligação dupla que tanto sela os limites do Estado quanto se esgueira através de sua pele.

[261] É o Estado que gerencia, registra e verifica a representação de sujeitos e objetos, cidadãos e seus bens. No coração vazio do Estado, sua câmera obscura, está o primeiro ato de violência pelo qual ele estabelece a separação dos objetos dos súditos, e sua própria prerrogativa de policiar o plano em que eles podem se encontrar. O Estado vetorial, que emprega todas as tecnologias para o refinamento desse plano mais abstrato no qual objetos e sujeitos se encontram, produz o terreno mais penetrante e sutil de conflito e negociação para as classes em luta. O Estado cria as classes como uma política representativa que é também uma política de representação. Todas as classes lutam ou conluiam umas com as outras diretamente, mas seu contato direto é parcial e particular. É seu contato com o plano de representação criado pelo Estado que é abstrato e formal.

[262] O Estado não é apenas uma máquina para definir formas de propriedade e arbitrar reivindicações concorrentes de propriedade, ele também transfere propriedades por meio de impostos e transferências. As classes lutam sobre quem é tributado e a que taxa, e também sobre a transferência da receita tributária do Estado para as classes ou frações de classe. Uma vez que as classes produtivas tenham sucesso, mesmo em parte, em sua luta para socializar a propriedade através do Estado, as classes proprietárias procuram limitar os poderes redistributivos do Estado.

[263] O Estado constitui o plano no qual as classes passam a representar seus interesses como interesses de classe, mas também onde as classes procuram transformar em vantagem os conflitos locais e particulares que não são de classe. Por meio de sua disposição da parcela do excedente de que se apropria como tributação, o Estado dá expressão aos interesses existentes. Pode haver representantes de interesses coletivos regionais, interesses de gerações ou gêneros, etnias ou indústrias. O Estado também pode criar interesses por meio de suas transferências de bens socializados, como pensionistas, funcionários públicos ou militares. Assim, o Estado, além de constituir o plano de abstração para o conflito de classes, agrega a ele dimensões de possível conflito e aliança ao fornecer recursos e reconhecimento para outros interesses e desejos. Qualquer desejo que exceda ou fique aquém da mercantilização busca um lar no Estado.

[264] Todos esses outros interesses representativos têm o poder de limitar a capacidade de ação do Estado, ou mesmo de impedir sua capacidade de funcionamento. No entanto, são apenas os interesses das classes que determinam a dinâmica positiva do Estado e da sociedade. Outras representações podem capturar o Estado, fazendo com que ele, por sua vez, capture o desenvolvimento e o retarde. Apenas os interesses de classe estimulam e empurram o Estado para a produção de um excedente e para a produção da história.

[265] À medida que uma classe encontra uma abstração que atende aos seus interesses, que apresenta um plano sobre o qual desenvolver e transformar o desenvolvimento geral a seu favor, ela busca por meio do Estado representar esse interesse como se fosse o interesse geral e usar o Estado para

impedir o desenvolvimento de abstrações que não aumentam e afirmam seu poder. Por meio de sua capacidade de policiar a representação, o Estado age como um freio a novas expressões que escapam ao que o Estado reconhece como relações lícitas entre objetos e sujeitos. Quando o Estado reconhece a propriedade intelectual, cria um plano no qual a classe vetorial pode se desenvolver como a classe dirigente, aquela que possui o plano mais abstrato no qual objetos e sujeitos podem ser reunidos produtivamente. Ao mesmo tempo, o Estado assume a responsabilidade de policiar o vetor, de conter informações dentro da propriedade, de deter qualquer hack fora do interesse de classe da classe vetorial.

[266] A classe vetorial busca capturar o Estado privando outras classes do livre fluxo de informações com as quais elas podem contestar suas representações do interesse coletivo. A classe vetorial captura os fluxos de informação dentro da forma de mercadoria e perverte o livre fluxo de informação. Isso priva a classe hacker de uma parte considerável de sua capacidade de livre expressão e a obriga a uma relação subordinada ao interesse vetorialista. Também priva outras classes de seus meios de contestar o controle do Estado do interesse vetorial e a representação do interesse vetorial como o interesse geral.

[267] O Estado policia os direitos dos sujeitos bem como as propriedades dos objetos. O Estado pode ser abstrato ou pode ser particular. Um Estado particular é aquele em que algumas representações subjetivas têm direitos superiores a outras. Enquanto todos os Estados excluem algumas representações e mantêm seu invólucro por meio dessa capacidade de excluir, o Estado abstrato abrange a mais ampla gama de representações como reivindicações igualmente válidas e

não as questiona quanto ao seu valor de verdade. O Estado particular surge da exploração de antagonismos não classistas para fins de classe. As classes dominantes exploram diferenças étnicas, religiosas ou de gênero entre as classes produtoras para dividir e governar. Essa regra é comprada ao preço da supressão de alguma parte da capacidade produtiva das classes subalternas.

[268] O Estado abstrato sempre será o veículo mais justo e eficiente para administrar as representações, mas sempre há algo que está além de seu alcance. Sempre há algum hack que ilude ou escapa de sua rede representacional. O interesse hacker sempre aponta para além de uma dada abstração do Estado. Somente depois de o Estado aceitar sem questionar as diferenças mais óbvias de raça, gênero, sexualidade ou fé é que o Estado hacker é concebível, como um espaço de expressão livre da sanção do policiamento da representação. Mas, embora possa haver interesse para os hackers em preferir certos tipos de Estado a outros, o Estado ainda é sempre um veículo que é apanhado na violência da representação e contrarrepresentação, sobre a qual os fluxos de recursos ou liberdade podem depender, mas que, em última análise, só existe para ajudar ou impedir o estabelecimento de uma relação produtiva entre as classes.

[269] A classe vetorial também se apresenta como advogada e defensora do Estado abstrato. A classe vetorial é toda favorável à tolerância e diversidade, até mesmo à ação afirmativa – contanto que isso se aplique apenas a representações. Para a classe vetorial, todas as representações devem ser livres para encontrar seu valor como objetos de mercantilização; todos os sujeitos devem ser livres para encontrar as

representações que desejam valorizar. Para a classe vetorial, o Estado abstrato é o mais capaz de abrir toda a cultura para a mercantilização. Mas isso é tudo. O Estado vetorial é um Estado abstrato, mas não pode olhar além de uma igualdade puramente formal de representações em direção a uma parcela igual do excedente, muito menos abraçar uma política de expressão além da representação. O Estado vetorial encoraja a diversidade no conteúdo das representações como uma cobertura enquanto abole a diversidade na forma de representações. Todas as informações devem ser subordinadas à forma de propriedade privada.

[270] O domínio de uma forma de propriedade não favorece os interesses da classe hacker. Onde a relação de dádiva domina, como nas sociedades tradicionais, a obrigação recíproca em formas predeterminadas torna o hack reativo e particular. Raramente atinge sua forma totalmente abstrata. Onde domina a propriedade estatal coletivizada, o hack é impedido pela dependência direta do hacker da forma burocrática de dominação capitalista e ruralista. Onde a propriedade privada domina, como no mundo vetorial, ela acelera o hack ao reconhecê-lo como propriedade privada, mas assim canaliza o hack para a reprodução implacável da forma de mercadoria.

[271] A classe hacker sabe que, embora exceda todas as representações e expresse a virtualidade da matéria e da informação em sua inovação, também é potencialmente produtora de uma série de perigos. O hack pode ser tão destrutivo quanto produtivo – mas apenas potencialmente. Não são os hackers que envenenam as águas, ou enriquecem o plutônio, ou modificam geneticamente as colheitas, ou inculcam os credos perigosos, mas são os hackers que hackeiam essas

possibilidades novas e brilhantes. São as classes dominantes que subordinam o potencial do hack à sua forma mercantilizada, que transformam perigos potenciais em reais. No entanto, eles desviam os medos legítimos das outras classes produtivas para a classe hacker e o confirmam com usos seletivos dos poderes punitivos do Estado para conter o potencial produtivo do hack. A classe vetorial pratica esse tipo de diplomacia como uma verdadeira forma de arte, acariciando a ansiedade popular ao criminalizar algumas formas marginais de hackeamento que afirmariam sua independência da forma mercantilizada.

[272] O interesse de classe das classes operárias e agrícolas está na produção de um excedente, na luta pela liberdade da necessidade. O interesse de classe dos hackers está na expressão livre e aberta da virtualidade. Esses interesses convergem em uma forma estatal ao mesmo tempo abstrata em relação à representação e plural em relação às formas de propriedade. No entanto, esse é o começo do que as classes produtivas combinadas podem desejar. Eles desejam um Estado que seja abstrato o suficiente, plural o suficiente, virtual o suficiente para criar aberturas além da escassez e da mercadoria.

[273] O Estado tem seus limites. Pode estar em toda parte e em lugar nenhum, impresso nos próprios poros e partículas de seus sujeitos por meio de sua gestão da educação e da cultura, mas ainda assim tem seus limites. Um limite é a violência com que fundamenta sua pretensão de soberania sobre as leis da representação. Desafiar esse limite apenas afirma a injustiça no seio do Estado, sem de forma alguma fugir dela. O Estado é limite, interioridade, invólucro. A transgressão meramente o confirma. Uma política expressiva não é

transgressiva. Ela procura escapar do Estado, não confrontá-lo. Aqueles que confrontam o Estado, enfrentando sua violência com violência, sempre abrigam o desejo reativo de se tornar o que contemplam.

[274] O próprio limite da representação é um limite do Estado. Agamben: "Em última análise, o Estado pode reconhecer qualquer reivindicação de identidade... Mas o que o Estado não pode tolerar de forma alguma é que as singularidades formem uma comunidade sem reivindicar uma identidade, que os seres humanos copertençam sem uma condição representável de pertencimento."* A classe que pode expressar seus desejos, em vez de representá-los, é a classe que escapa à violência da lei. Aquilo que não pode ser nomeado, não pode ser identificado, não pode ser acusado, não pode ser condenado. A abstração sem autoridade ou autorização abre a livre virtualidade fora da lei. Pois, ao contrário do canto repetitivo dos apologistas conscientes e inconscientes do Estado, há sempre algo, e algo diferente da violência, fora de sua lei.

SUJEITO

[275] A experiência da subjetividade não é universal. Assim como surgiu com o Estado envoltório e a economia mercantilizada, o sujeito pode acabar passando com a superação dessas abstrações limitadas e parciais.

[276] A propriedade produz, peça por peça, a armadura da subjetividade. Essa armadura é uma casca oca, separando o nada que é o eu do nada que é o meio externo a ele pelo qual ele passa a acreditar que existe.

[277] O sujeito nada mais é do que o resíduo fantasmagórico da separação, abrindo a possibilidade de apropriar-se de si, da existência objetiva que trabalha para criar, e apresentando ao sujeito o mundo objetivo como algo que lhe falta. O sujeito passa a sentir sua existência apenas por meio de sua falta do objeto, uma falta nunca totalmente satisfeita por nenhum objeto particular.

[278] O sujeito abstrato se desenvolve de forma incremental, mas se desenvolve no mesmo ritmo da objetificação do mundo. A história da produção do mundo como coisa é ao mesmo tempo a história da produção do sujeito, ou seja, a produção de si como coisa que produz a si mesma e a seu mundo como coisas.

[279] O sujeito passa a existir como uma insuficiência abstrata, tornando-se cada vez mais consciente de sua própria falta e de sua própria abstração por sua imersão na telestesia. Onde a classe capitalista exibe diante das classes produtivas

os objetos de seu próprio trabalho como raros e fora de alcance, a classe vetorialista transmite por toda parte, através dos vetores da telestesia, infinitas imagens de objetos de desejo. A telestesia substitui o objeto do desejo por sua imagem, uma imagem que pode ser anexada a qualquer objeto, quer queira quer não. Ao mesmo tempo, a transformação vetorial do desejo aumenta o preço do desejo e ameaça desvalorizá-lo completamente. A classe vetorial empurra o desejo mercantilizado a ponto de sua própria proliferação abrir a possibilidade de sua superação.

[280] No alvorecer da história da abstração do mundo pela propriedade, a classe ruralista apenas reivindicou o trabalho do agricultor e, a princípio, teve acesso limitado mesmo a isso, até porque os agricultores retiveram algum acesso à propriedade, na forma de seus meios imediatos de produção. Sob tais condições, o agricultor experimenta a subjetividade apenas como coerção externa imposta pelas demandas de satisfazer o aluguel e produzir as necessidades da vida.

[281] As sementes da subjetividade como condição geral já estão presentes sob o domínio ruralista, porém, na forma da exigência total e ilimitada que o Estado espiritual da Igreja impõe às suas vítimas. A teologia apresenta o sujeito a si mesmo como o que lhe falta, mas apresenta a falta como espiritual, não material; como infinito, em vez de finito. Como tal, a Igreja atuou como um entrave ao desenvolvimento de uma subjetividade produtiva.

[282] A religião organizada expressa as necessidades da classe dominante na forma de uma demanda ao sujeito. Essa demanda muda conforme as regras de classe mudam.

A carência não aparece mais como infinita, mas finita, e os meios para preenchê-la, materiais, não espirituais. Ou melhor, a carência espiritual deve ser preenchida pela atenção à carência material. A teologia da alma torna-se a teologia da mercadoria. A classe capitalista estendeu sua reivindicação sobre o trabalhador além da observância externa para a interioridade do trabalhador. Ela trouxe à terra a dívida ilimitada da usura espiritual e impôs ao trabalhador uma subjetividade que via o trabalho como uma dívida devida ao mesmo tempo a Deus e a Mamom. Onde antes, como escreveu Marx, "a religião é o ópio do povo", agora o Opium™ é a religião do povo.*

[283] Pelo menos fora do horário de trabalho, o trabalhador estava livre, e muitos trabalhadores perderam o hábito de dedicar seu tempo livre a quitar mais uma dívida, mais etérea. Mas a teologia vive e ainda faz suas exigências monstruosas, se não do púlpito, pelo menos na sala de aula. Se não em teologia, pelo menos em teoria. Vaneigem: "O poder temporal, que está firmemente enraizado na economia mundana, desconsagrou a teologia e a transformou em filosofia, substituindo uma maldição divina por uma ontológica: a afirmação de que é inerente à condição do homem ser despojado de sua própria vida."*

[284] O capital apenas reivindica o corpo do trabalhador durante a jornada de trabalho. A classe vetorialista encontrou os meios para reivindicar todos os aspectos do ser, por meio de seu poder de designar qualquer parte desse ser como um recurso. A luta para limitar a jornada de trabalho, embora salutar como meio de libertar o corpo do trabalho mercantilizado, não mais liberta o trabalhador da mercadoria, mas

apenas libera o sujeito como produtor para a tarefa ainda mais pesada de ser o sujeito como consumidor.

[285] Na era da telestesia, o vetor captura o corpo e a mente e, de fato, a alma dos despossuídos como nunca antes. Aproxima-se mais da desapropriação aperfeiçoada do que qualquer outra forma de propriedade. O sujeito no trabalho torna-se produtor de mercadorias e, fora do trabalho, volta a trabalhar reconhecendo o valor daquilo que a mercadoria representa, como seu consumidor.

[286] Objetivar todo o espaço é subjetivar todo o tempo. A propriedade invade tanto o tempo quanto o espaço, e é aí que seu maior impacto sobre o sujeito se faz sentir. O tempo já foi uma propriedade da qual os agricultores dispunham como bem entendessem, desde que pudessem cumprir suas obrigações para com o proprietário da terra. Então o tempo passou a ser dividido em tempo de trabalho e "lazer". Apenas o último permaneceu propriedade do trabalhador. Mas agora todo o tempo pertence à propriedade.

[287] O próprio tempo torna-se objeto de revoltas temporárias, desde que os previdentes comunas quebraram os relógios de ponto nas oficinas. Mas enquanto há paradas e interrupções temporárias no tempo em que o sujeito se reivindica como algo além de si mesmo, a totalidade da propriedade invade até mesmo a própria revolta, que, como religiões exóticas, é oferecida ao sujeito em forma mercantilizada. O que de outra forma seria a história da luta do sujeito para se superar e se revoltar contra a escassez, torna-se, ao contrário, a mercadoria da revolta, que afirma o sujeito apenas em sua

falta da própria revolta que a mercadoria memoriza em suas edições de colecionador.

[288] A escassez é baseada na noção de que os desejos subjetivos são infinitos, mas os bens materiais são poucos. Portanto, algum poder é convocado para alocar recursos escassos. A "teologia" liberal costuma ser representada como um princípio objetivo neutro, uma "mão invisível", quando na verdade quem aloca recursos passa a ser um poder de classe. A noção de escassez subjetiva o desejo e objetiva os meios para a satisfação do desejo. Eles são concebidos como coisas separadas que se confrontam como se estivessem em um abismo metafísico. É como se tudo o que se deseja fosse um objeto, e todos os objetos existissem para serem possuídos em nome do desejo.

[289] É a propagação do próprio mito da escassez que cria a abstração de desejos objetivados e desejos subjetivos que só podem ser atendidos na forma mercantilizada. É apenas na teoria da escassez que o desejo precisa ser pensado como tendo um objeto, e esse objeto precisa ser pensado como a mercadoria. O verdadeiro desejo é o desejo pelo virtual, não pelo real. Produtividade é desejo, desejo como devir no mundo. A luta para libertar as classes produtivas da mercadoria é a luta para libertar o desejo do mito de sua falta. Deleuze: "Tudo isso constitui o que se poderia chamar de direito de desejar."*

[290] No mundo superdesenvolvido, algumas das classes produtoras capturam o suficiente do excedente para saciar suas necessidades, se não seus desejos. Seus desejos se tornam suas necessidades. Aqueles que não trabalham para produzir uma vida mercantilizada trabalham para produzir

novas necessidades que irão trazer à existência ainda novos objetos de mercantilização, saturados nas imagens do desejo. E ainda há mais trabalho a fazer: todo sujeito é convocado a trabalhar sobre si mesmo, a educar-se em sua própria capacidade ilimitada de desejar coisas limitadas. E, no entanto, essa grande produção da subjetividade do objeto e da objetividade do sujeito ameaça cair repetidamente, como sujeitos cansados de carregar a pesada armadura de sua dupla localização como produtores e consumidores de necessidade. Nessas ocasiões, o Estado intervém para declarar o tédio como o inimigo de todas reivindicações da identidade nacional que busca garantir, e ordena ao sujeito que trabalhe em si mesmo, se não para si mesmo, como um dever patriótico.

[291] A crença na escassez redireciona a experiência do sujeito de seu próprio desejo, de sua própria experiência, para imagens que parecem negar os poderes do sujeito e insultar o sujeito com seus limites. O desejo se torna uma ferida autoinfligida. E assim, no mundo superdesenvolvido, o desejo passa a desejar imagens de sofrimento do mundo subdesenvolvido que parecem ao mesmo tempo "justificadas", no sentido de serem o produto de abusos de poder verdadeiramente monstruosos, mas distantes o suficiente para tornar o sujeito que vê a imagem tão impotente para responder ao sofrimento na imagem quanto o sujeito na imagem é impotente para superar sua tortura. A vitimização global, o sentimento de si como sempre "em risco", é o modo vetorial da ideologia. Só que não é mais o capital global, mas o vetor global, que ao mesmo tempo produz a vítima real, "ali", o sujeito sofredor vicário, "aqui" – e o vetor de telestesia que governa sua (não) relação.

[292] A teoria econômica liberal da escassez de objetos e a teoria psicanalítica do desejo como falta subjetiva são uma e a mesma teoria, e ambas servem ao mesmo interesse de classe. São meios pelos quais os sujeitos são recrutados para a produção de objetos e os objetos são apresentados como o que falta ao desejo. Ambos desviam a atenção da produção de subjetividade livre, que não apenas liberta o sujeito do desejo objetivado, mas libera o sujeito de si mesmo como sujeito, para a liberdade absoluta do puro devir como expressão.

[293] Há hackers do desejo subjetivo, assim como há hackers do mundo objetificado, e assim como os últimos hackeiam em direção à livre expressividade da natureza da qual surgem todas as objetivações, assim também os primeiros hackeiam além das restrições do sujeito limitado à sua apreensão de si mesmo e da ordem existente. "Nenhuma sociedade pode tolerar uma posição de desejo real sem que suas estruturas de exploração, servidão e hierarquia sejam comprometidas."* Mas o que é o "desejo real" senão o hack – o desejo de liberar o virtual do real? O desejo em si pede por hacking, para libertá-lo da representação falsa como ausência, abrindo sua expressão como o entendimento de que ele carece apenas da ausência de ausência. Hackeie a ausência que falta ao hack.

[293] As classes produtoras podem ou não aspirar ao puro vir a ser, mas ainda assim compreendem seu interesse de classe em libertar o desejo da coerção de objetos e sujeitos mercantilizados. As classes produtoras continuamente se libertam de objetos particulares de desejo e se libertam de subjetividades impostas a elas no interesse de escravizar essa subjetividade a objetos particulares de desejo. Embora as classes produtoras se libertem de desejos particulares, nem sempre dão o próximo

passo, para a abstração do próprio desejo da mercantilização. É aqui que os hackers do mundo objetivo e da subjetividade podem afirmar sua relação produtiva com as classes produtoras.

[295] O poder vetorial tem que responder periodicamente à demanda de desejo como excesso e não como falta, quando irrompe das margens para o centro da cultura. A história da cultura está repleta de instâncias de hacks espontâneos de informações, expressando a virtualidade do desejo e o desejo como virtualidade. Quando estão no poder, as classes ruralistas e capitalistas respondem a esses surtos com repressão, emprestando glamour à sua lenda, criando tanto a revolta popular quanto as vanguardas. Quando no poder, a classe vetorialista responde de forma bem diferente. Abraça o desejo excedente e mercantiliza rapidamente sua imagem. Onde quer que esse desejo se desfaça da pesada armadura da falta e expresse sua própria plenitude alegre, ele rapidamente se vê capturado como imagem e oferecido de volta a si mesmo como representação. Assim, a estratégia para qualquer desejo que se arme com seu próprio autodesdobramento é criar para si um vetor fora da mercantilização, como um primeiro passo para acelerar o excesso de expressão, em vez da escassez de representação.

[296] A abstração dos mundos objetivo e subjetivo em informações que circulam livremente por meio do vetor abre a virtualidade do desejo e sua libertação potencial da mercantilização. A informação é "não rival" – ela não conhece a escassez natural. Ao contrário dos produtos objetivados da terra e do capital, o consumo de informação de alguém não precisa privá-lo de outro. O excedente aparece em sua forma absoluta. A luta torna-se entre o hackeamento do vetor para abri-lo para

o virtual e a mercantilização da informação como escassez e mera representação. A possibilidade de superação da subjetividade repousa nessa luta infraestrutural. Os meios de produção do desejo – os vetores ao longo dos quais pode fluir um excedente imaterial de informação – é o primeiro e o último ponto no qual a luta pela subjetividade livre deve ser travada. Qualquer imagem particular do sujeito em revolta pode ser transformada na imagem de um objeto a desejar, mas o próprio vetor é outra questão. A liberação do vetor é a única proibição absoluta do mundo vetorial e o ponto para desafiá-la.

[297] O surgimento de vetores ao longo dos quais a informação flui livremente, se não universalmente, em todo o mundo parece inaugurar um novo regime de escassez ainda mais total do que o do reinado do capital antes dele. Por toda parte os signos são apresentados como resposta mercantilizada ao desejo; em todos os lugares há sujeitos enganados a pensar em si mesmos como negados pelos signos que não possuem. Às vezes, isso provoca um endurecimento reativo do sujeito. Isso produz um *bunkering*[7] dentro do invólucro de uma tradição ou outra que parece anterior ao mundo vetorial, mesmo que, paradoxalmente, o vetorial seja agora o único meio pelo qual o tradicional se reproduz, como uma representação da tradição. Às vezes, esse endurecimento e *bunkering* na tradição produzem uma violência que ataca, embora não muito claramente, o que seriam as imagens de um poder vetorial a que essa falsa tradição resistiria. O vetor produz sua própria reação vetorial, com o efeito paradoxal

[7] N. do T.: optamos por não traduzir a palavra para preservar o sentido original.

de acelerar o próprio vetor. Não temos mais raízes, temos vias aéreas. Não temos mais origens, temos terminais.

[298] A classe vetorial destaca o desejo do objeto e o anexa ao signo. Esses signos do que se deseja proliferam, ainda que isso signifique a própria escassez. Mas o desejo popular nunca fica sem recursos, e o poder vetorial pode ser pego cochilando. O desejo popular aprende rapidamente a falsificar o signo que, antes de tudo, é uma falsificação de si mesmo. Reapropria-se de si mesmo, mas duas vezes afastado, cobiçando o falso e depois falsificando o cobiçado. Resta apenas hackear um caminho da própria plenitude do desejo à multiplicidade imaterial da informação.

[299] Há um ar detectável de desespero no trabalho da classe vetorial, uma ansiedade constante sobre a durabilidade de um regime mercantilizado de desejo construído sobre uma escassez que não tem base necessária no mundo material. As classes produtoras chegam repetidas vezes ao limiar de se perceberem como capazes de autoafirmar seus desejos e de perceberem que a subjetividade apenas as prende à mercadoria e que a escassez é produto do domínio de classe, não um fato objetivo da natureza. A velha toupeira do desejo popular trabalha firmemente sob as fundações do poder vetorial, minando-o por baixo.

EXCEDENTE

[300] A necessidade é sempre e em toda parte apenas necessidade. O fato de que os humanos fodem, comem, sofrem e morrem é a eterna preocupação dos aforistas. O fato de que algo além da necessidade emerge do esforço humano coletivo produz não apenas história, mas a produção da história como uma representação. Bataille: "a história da vida sobre a terra é principalmente o efeito de uma louca exuberância: o acontecimento dominante é o desenvolvimento do luxo, a produção de formas de vida cada vez mais onerosas."*

[301] A acumulação de um excedente, a luta pela sua disposição, o seu investimento na guerra, na festa, ou na escrita da história, ou na produção de ainda mais excedente, esta é a experiência da história e a história da experiência. A coleta de um excedente implica a criação de um plano abstrato sobre o qual lutar por sua disposição. Essa história é uma história secreta. Cada classe dominante vitoriosa na luta pela distribuição do excedente representa a própria história como inteiramente de sua autoria. Mas na história secreta do excedente é o hack que produz a possibilidade de excedente por meio de sua abstração, e o trabalho de sua extração e acumulação que constitui o excedente da história, transportado como um murmúrio, de uma época para outra.

[302] A sociedade de classes em sua forma abstrata emerge da acumulação do excedente e representa uma ruptura com a dispersão do excedente na forma de luxo e dádiva, e o retorno do excedente à própria produção. Doravante, será

a própria produção que sobrará, buscando sempre um excedente de desejo para igualar.

[303] As teorias que tentam compreender em abstrato o desenvolvimento produtivo da sociedade humana podem assumir duas formas. Podem se basear no conceito de escassez e legitimar o domínio de uma ou outra classe, que deve se encarregar de recursos escassos. Ou podem basear-se no escândalo do excedente, na convicção de que as classes produtivas da sociedade produzem mais do que as suas necessidades imediatas e podem considerar-se privadas desse excedente. Do ponto de vista das classes produtivas, apenas uma delas é uma teoria, a outra uma ideologia – ou seja, não propícia à expressão de seus interesses.

[304] O fato de haver uma experiência opressiva de escassez no mundo em geral é muito real, assim como sua atenuação pela vetorização do mundo. À medida que a natureza cada vez mais se torna um recurso quantificável para a produção de mercadorias, as classes produtoras no mundo superdesenvolvido e subdesenvolvido passam a perceber o poder que a classe vetorial trouxe: o poder de conduzir o desenvolvimento, aqui ou ali, à vontade, criando explosões repentinas de riqueza produtiva e, de repente, fome, pobreza, desemprego e escassez.

[305] Os mesmos fluxos vetoriais de informação que castigam as classes produtivas ao conscientizá-las de sua temporária posse de um salário e de recompensas mercantilizadas, também mostram repetidamente os imensos recursos produtivos que o mundo possui, além da natureza artificial dessa experiência de escassez. Os vetores ao longo dos quais se entrelaçam as

informações que unem objetos e sujeitos na vasta dança global da produtividade são os mesmos vetores que mostram o mundo como nada mais que o espetáculo do excedente.

[306] A mesma conexão vetorial mostra a virtualidade ilimitada da própria informação, que repetidamente escapa da forma de mercadoria e flui como pura dádiva entre as classes produtoras como uma propaganda de sua própria generosidade, apenas para ser reintroduzida na forma de mercadoria objetivada pela classe vetorial e separada das classes produtoras como uma escassez artificial.

[307] A classe vetorial deve manter um excedente de desejo subjetivo acima do excedente de coisas objetivas. O desejo deve ser empurrado um passo à frente, para que a demanda não diminua e a inútil profusão de coisas apareça à luz nua de sua futilidade. É mais difícil do que parece. As classes produtoras criam repetidamente suas próprias expressões de desejo, desejo fora da falta e da mercantilização, apenas para descobrir que essa expressão coletiva de desejo é apropriada delas, transformada em mercadorias e vendida de volta a elas, como se de alguma forma lhes faltasse a energia produtiva que é seu direito de primogenitura.

[308] Os ruralistas são os próprios rebentos da escassez. A classe capitalista mantém sua regra de escassez com alguma confiança; a classe vetorialista mantém a escassez apenas com meios cada vez mais artificiais. A classe vetorial mercantiliza a informação como se fosse um objeto de desejo, sob o signo da escassez. As classes produtoras tomam com razão toda informação mercantilizada como sua própria produção coletiva. Nós, os produtores, somos a fonte de todas as imagens,

histórias, profusões selvagens de tudo o que essa cultura se torna. A classe vetorialista luta com tudo isso na forma mercantilizada, enquanto as classes produtoras contrabandeiam e pirateiam toda e qualquer expressão de informação livremente. Mauss: "proclama-se de bom grado que elas são o produto tanto do espírito coletivo quanto do espírito individual; todos desejam que elas caiam o mais rápido possível do domínio público ou na circulação geral de riquezas."*

[309] A classe vetorialista recruta os esforços dos hackers para produzir formas e meios sempre novos para mercantilizar essa produtividade e, assim, manter o excesso de desejo e a escassez do objeto desejado. Mas, a menos que se apodere do monopólio de todos os vetores para produzir e distribuir informação, a classe vetorialista não pode limitar inteiramente a livre produtividade da classe hacker, que continua a produzir ainda mais combustível para a livre produtividade do desejo. Novas imagens e histórias, novos vetores para organizá-las, novos meios técnicos de perceber e organizar o mundo, novos meios culturais de produzir experiência. Em sua necessidade desesperada de estimular a produtividade, a classe vetorialista induz a própria produtividade que excede a própria mercadoria.

[310] Agricultores e trabalhadores descobrem por si mesmos, fora dos fluxos mercantilizados de informação, que os hackers existem e estão lutando para produzir novas abstrações nos eixos subjetivo e objetivo, que têm o potencial de liberar o desejo da negatividade da escassez. Eles aprendem a adotar e adaptar novas abstrações para si mesmos, em vez da forma mercantilizada na qual a classe vetorial venderia a virtualidade para as massas.

[311] Agricultores e operários descobrem, com uma ajudinha da classe hacker, que a informação quer ser livre, que sua escassez só se mantém pelos meios artificiais da mercantilização do vetor e do policiamento da representação pelo Estado. Inicialmente, as classes produtoras descobrem os meios para propagar informações livremente como forma de adquirir o que desejam. Mas a liberação da informação, mesmo nas margens da terceira natureza, rompe a economia da escassez e a separação entre sujeito e objeto mantida pela escassez do objeto. As classes produtoras se reencontram com sua própria produtividade livre, a princípio inadvertidamente, mas de maneira a plantar as sementes de um desejo de desejo fora da própria escassez.

[312] A classe vetorialista descobre – ironia das ironias! – uma escassez de escassez. Ela luta para encontrar novos "modelos de negócios" para a informação, mas acaba se contentando com seu único meio confiável de extrair um excedente de sua escassez artificial, por meio da formação de monopólios sobre todos os ramos de sua produção. Estoques, fluxos e vetores de informação são reunidos em grandes empreendimentos, com o único propósito de extrair um excedente através da mercantilização estanque de todos os elementos do processo. Ao negar às classes produtoras qualquer meio livre de reproduzir sua própria cultura, a classe vetorialista espera extrair um excedente vendendo de volta às classes produtoras suas próprias almas. Mas a própria força da classe vetorialista – sua capacidade de monopolizar o vetor – aponta para sua fraqueza. A única falta é a falta de necessidade. A única necessidade é a superação da necessidade. A única escassez é da própria escassez.

VETOR

[313] O vetor é viral. Burroughs: "A palavra agora é um vírus. O vírus da gripe pode ter sido outrora uma célula pulmonar saudável. Agora é um organismo parasita que invade e danifica os pulmões. A palavra pode ter sido outrora uma célula neural saudável. Agora é um organismo parasita que invade e danifica o sistema nervoso central."* E o meio pelo qual a palavra, ou o vírus, se move de hospedeiro para hospedeiro é o vetor. O vetor é o meio pelo qual um determinado patógeno viaja de uma população para outra. A água é um vetor para a cólera, fluidos corporais para o HIV. Por extensão, um vetor pode ser qualquer meio pelo qual qualquer coisa se move. Vetores de transporte movem objetos e sujeitos. Vetores de comunicação movem informações.

[314] Telégrafo, telefone, televisão, telecomunicações: esses termos designam não apenas vetores particulares, mas uma capacidade abstrata geral que eles trazem ao mundo e expandem. Todos são formas de telestesia, ou percepção à distância. Começando com o telégrafo, o vetor da telestesia acelera a velocidade na qual a informação se move em relação a todas as outras coisas. A telestesia produz a velocidade abstrata pela qual todas as outras velocidades são medidas e monitoradas.

[315] O desenvolvimento do vetor cria o espaço dentro do qual a abstração da propriedade traz cada vez mais da natureza para o reino da mercadoria. Marx: "É da natureza do capital mover-se para além de todas as barreiras espaciais. A criação das condições físicas da troca – de meios de comunicação e transporte – deve uma necessidade para o capital em uma

dimensão totalmente diferente – a anulação do espaço pelo tempo."* Apenas não é o capital, mas o vetor, que fornece os meios materiais para essa aniquilação de tradições e envoltórios específicos. O capital, como um estágio da abstração da propriedade, entra no mundo apenas através do desenvolvimento material do vetor que o transporta, levando todas as formas de propriedade cada vez mais pelo mundo.

[316] A extraordinária necessidade do vetor para o capital leva à captura do capital e de seus interesses por uma nova classe dominante que explora a dependência do capital do vetor – a classe vetorialista. A classe vetorialista emerge do capital assim como o capital emergiu da classe ruralista, como um interesse especializado que gravita em torno do aspecto mais abstrato da propriedade e descobre a influência que o controle sobre a abstração pode trazer em relação ao restante de sua classe anterior. À medida que os vetores da telestesia diferenciam a comunicação dos vetores do transporte, a informação surge como uma abstração madura para a mercantilização em todos os seus aspectos – como um estoque, como um fluxo, como um vetor.

[317] Ainda mais do que as classes ruralistas e capitalistas anteriores, a classe vetorialista depende dos avanços que os hackers produzem para manter sua vantagem competitiva e a lucratividade de seus empreendimentos. Onde os proprietários de terra e capital podem dominar pelo simples nível de investimento necessário, a classe vetorial conta com uma forma de propriedade sujeita a constantes hacks que criam formas qualitativamente novas de produção e desvalorizam os velhos meios de produção. A classe vetorial investe o excedente de que se apropria em hackeamento em um grau sem precedentes

e baseia a fortuna de seus empreendimentos na propriedade intelectual. Seu investimento em hackeamento dificilmente é desinteressado. Sua busca é por maneiras sempre novas de vetorizar a informação na forma de uma mercadoria.

[318] Uma vez que a informação se tornou objeto de um regime de propriedade, surge uma classe vetorial que extrai sua margem da propriedade da informação. Essa classe compete entre si pelas formas mais lucrativas de mercantilizar a informação como um recurso. Com a mercantilização da informação vem sua vetorização. Extrair um excedente de informação requer tecnologias capazes de transportar informação através do espaço, mas também através do tempo. O armazenamento de informações pode ser tão valioso quanto sua transmissão, e o arquivo é um vetor através do tempo, assim como a telestesia é um vetor através do espaço. Todo o potencial de espaço e tempo torna-se o objeto da classe vetorial.

[319] A classe vetorial se destaca quando possui poderosas tecnologias de vetorização de informações. A informação torna-se algo separado das condições materiais de sua produção e circulação. É extraído de localidades, culturas, formas particulares e distribuído em círculos cada vez mais amplos, sob o signo da propriedade. A abstração da informação do mundo torna-se, por sua vez, o meio de abstrair o mundo de si mesmo.

[320] A classe vetorial pode mercantilizar estoques ou fluxos de informação, bem como vetores de comunicação. Um estoque de informações é um arquivo, um corpo de informações mantido ao longo do tempo que tem valor duradouro. Um fluxo de informação é a capacidade de extrair informações de valor

temporário de eventos e distribuí-las ampla e rapidamente. Um vetor é o meio de alcançar a distribuição temporal de um estoque ou a distribuição espacial de um fluxo de informação. O poder vetorial como um poder de classe surge da propriedade e do controle de todos os três aspectos.

[321] O vetor não apenas abstrai a informação das condições particulares de sua produção, mas abstrai todas as outras relações com as quais entra em contato. A expansão do alcance de mercados, Estados, exércitos, culturas, de formas locais a nacionais e supranacionais, é condicionada pelo desenvolvimento dos vetores ao longo dos quais a informação viaja para encadeá-los. O vetor atravessa qualquer invólucro, expandindo-o, explodindo-o ou provocando-o a selar-se.

[322] A abstração irreversível da informação ocorre no ponto em que os vetores da telestesia são hackeados para liberar a informação da velocidade do movimento de objetos e sujeitos. Uma vez que a informação pode se mover mais rápido do que as pessoas ou coisas, ela se torna o meio pelo qual pessoas e coisas devem ser mescladas no interesse da atividade produtiva em invólucros cada vez maiores. Uma vez que os vetores da telestesia, com sua velocidade superior, assumem o controle dos vetores de movimento, uma terceira natureza surge com o poder de direcionar e moldar a segunda natureza. Mas, como qualquer experiência cotidiana, parece "natural". O vetor torna-se natural como a terceira natureza torna-se histórica.

[323] Os vetores de movimento abstraem-se da geografia da natureza e fornecem os eixos ao longo dos quais o trabalho humano coletivo transforma a natureza em segunda natureza.

A segunda natureza oferece um novo lar no mundo, no qual a liberdade é arrancada da necessidade, mas onde a dominação de classe impõe ainda novas necessidades às classes produtoras. Os vetores da telestesia abstraem ainda mais a segunda natureza de si mesma, produzindo uma terceira natureza na qual novas liberdades são arrancadas da necessidade – e novas necessidades produzidas pela dominação de classe. Mas como o vetor traz cada vez mais abstração para o mundo, ele também se abre mais e para o virtual. A geografia da terceira natureza torna-se uma geografia virtual.

[324] Assim como a segunda natureza extrai-se da natureza, mas depende dela, também a terceira extrai-se da natureza e depende dela. A terceira natureza não é transcendência ou fuga da natureza, mas apenas a liberação da virtualidade da natureza no mundo, como a produção do trabalho humano coletivo.

[325] Com o advento da telestesia, o vetor de comunicação torna-se um poder sobre e acima tanto da natureza quanto da segunda natureza. O vetor intensifica a exploração da natureza, ao fornecer uma terceira natureza sempre presente, dentro da qual a natureza é apreendida como um objeto, como um recurso quantificável, a ser mercantilizado e explorado pelas classes dominantes. O próprio mundo torna-se objetificado.

[236] Cada classe dominante da era vetorial se apropria do mundo como o encontra e o transforma em um mundo pronto para apropriação por seu sucessor, empregando meios cada vez mais abstratos. A classe ruralista se apropria da natureza como sua propriedade e dela extrai um excedente. A classe capitalista a transforma em uma segunda natureza, um ambiente construído no qual a resistência da

natureza à objetivação é mitigada, se não superada. A classe vetorialista apropria-se da segunda natureza como condições materiais para o reino de uma terceira natureza, na qual os recursos tanto de origem natural quanto social podem ser representados como coisas.

[327] O vetor intensifica a colocação em funcionamento das classes produtoras, mas na forma de produção mercantilizada. Não apenas a natureza é objetivada e quantificada, mas também a segunda natureza. As classes produtoras encontram-se transformadas em objetos de quantificação e cálculo. A terceira natureza torna-se o ambiente dentro do qual a produção da segunda natureza se acelera e se intensifica, tornando-se global em sua apreensão de si mesma. A segunda natureza, nas garras de uma terceira natureza, é ao mesmo tempo a oficina dentro da qual a própria natureza é apropriada de forma objetivada. A natureza aparece como o mundo, e o mundo aparece como natureza, precisamente no momento em que um poder objetivante o apreende em sua totalidade como um recurso.

[328] A telestesia permite a quantificação de todas as coisas, sua comparação e o direcionamento dos recursos de acordo com a apreensão do mundo simultaneamente como um campo de objetos que podem ser colocados em relação produtiva. Natureza e segunda natureza, objetivadas como recursos, estão simultaneamente disponíveis para cálculo e mobilização. O espaço fica sujeito ao comando instantâneo. Mas o que é racional como apropriação particular do mundo combina-se com todas as outras apropriações igualmente racionais, num todo irracional. Ou, o que dá no mesmo: considerada como um equilíbrio estático, a ordem vetorial é

de fato uma ordem, considerada como um desdobramento dinâmico de um evento, ela conduz logicamente ao esgotamento de seus recursos.

[329] A classe vetorial ascende à ilusão de um plano instantâneo e global de cálculo e controle. Mas como as classes produtivas do mundo sabem muito bem, não é a classe vetorialista que realmente detém o poder subjetivo sobre o mundo objetivo. O próprio vetor usurpa o papel de comando, tornando-se o único repositório da vontade em direção a um mundo que só pode ser apreendido em sua forma mercantilizada. Esse plano global emergente é ao mesmo tempo totalizante e enfaticamente parcial. Uma totalidade emerge sob o signo de um mero aspecto.

[330] A classe vetorial desencadeia essa terceira natureza no mundo e lucra com isso, direta ou indiretamente. Ele lucra com as classes produtoras e também com as outras classes dominantes, a quem vende a capacidade vetorial de apreender o mundo em sua forma objetivada – a capacidade de telestesia. Às vezes, a classe vetorial compete com as classes capitalista e ruralista; às vezes é conivente e colaborativa. A forma-Estado se ajusta de acordo. O índice da relação da classe vetorial com o poder estatal é a transformação das leis que regem os vetores, como as ondas de rádio e as redes, e que regulam patentes, direitos autorais e marcas. Quando o próprio pensamento e o próprio ar foram subordinados à sua representação como propriedade, a classe vetorial está no comando.

[331] O devir-vetorial deste mundo é a liberação do potencial produtivo de todos os seus recursos e, ao mesmo tempo, a

criação de uma categoria de recurso para toda e qualquer coisa nele. O vetorial não é apenas o potencial de conceber tudo como um recurso, mas também o potencial de colocar esse recurso em relação produtiva com qualquer outro recurso. O vetor transforma geografias particulares em geografia virtual, oferecendo suas qualidades específicas como quantidades intercambiáveis.

[332] O reino do vetor é aquele em que toda e qualquer coisa pode ser apreendida como mercadoria. Tudo o que aparece é algo distinto, algo de valor, e que pode ser transformado à vontade em qualquer outra coisa, que pode ser reunido com qualquer outra coisa de valor na criação de um novo valor. O reino do vetor é o reino do valor.

[333] Tendo colocado a terceira natureza em movimento, a classe vetorial se vê cada vez mais incapaz de controlar sua criação. A subjetividade não reside na classe vetorial, mas no produto cumulativo de sua atividade, a terceira natureza que surge da proliferação do vetor. Além disso, essa terceira natureza representa para si mesma suas próprias limitações. Essas limitações não escapam à atenção das classes produtivas, que devem conviver diariamente com elas. A terceira natureza falha em alocar os recursos naturais de forma que a segunda natureza possa ser sustentada.

[334] Pode haver nisso um gélido conforto para as classes produtivas. Elas podem não controlar os meios pelos quais as informações são extraídas de suas vidas e lhes são devolvidas na forma de mercadoria. Elas podem não controlar a alocação de recursos com base na quantificação instantânea de todas as coisas no mundo, mas podem chegar a um ponto

em que nenhuma classe o faz. A classe vetorial produz um meio de dominação sobre o mundo que chega a dominar até mesmo seus próprios esforços e extorsões.

[335] O vetor é um poder em todo o mundo, mas um poder que não é distribuído uniformemente. Nada na natureza do vetor determina que ele deva ser implantado aqui e não ali, entre essas pessoas e não entre aquelas, entre essas cidades e não entre esses sertões, entre esses impérios e não nessas periferias. Nada sobre o vetor em abstrato diz que o que flui ao longo dele deve fluir apenas em uma direção, do patrão para a mão, da metrópole para a província, do império para a colônia, do mundo superdesenvolvido para o subdesenvolvido. E, no entanto, este é o vetorial como o encontramos. Esse potencial aberto, mas de aplicação limitada, é a própria condição do vetorial. Como uma figura em geometria, um vetor é uma linha de comprimento fixo, mas sem posição fixa. Como uma figura em tecnologia, um vetor é um meio de movimento que possui qualidades fixas de velocidade e capacidade, mas sem aplicação predeterminada. Um vetor é parcialmente determinado, mas também parcialmente aberto. Um vetor é parcialmente real, parcialmente virtual. Tudo o que é determinado pela tecnologia é a forma na qual a informação é objetivada, não onde e como. Que o desenvolvimento vetorial seja um desenvolvimento desigual exige uma análise que olhe além do fetiche do técnico, para a forma de poder de classe que se apodera de sua abertura virtual e a transforma em desigualdade real.

[336] Toda a vida nas partes mais superdesenvolvidas do mundo se apresenta como um vasto acúmulo de vetores. É a proliferação e intensificação do vetor que constitui o

"desenvolvimento" do mundo superdesenvolvido. Se isso é um avanço em direção às regiões mais distantes do inferno ou não, resta saber.

[337] No mundo subdesenvolvido, o vetor torna-se o meio pelo qual se efetua a transformação da natureza em segunda natureza. Mas onde, no mundo superdesenvolvido, esse processo pelo menos oferece às classes produtivas a oportunidade de lutar contra suas classes dominantes locais, no mundo subdesenvolvido as classes produtivas devem lutar contra uma terceira natureza global e abstrata. Os recursos, naturais e sociais, que são detectados e apropriados ali tornam-se os meios para o desenvolvimento posterior do superdesenvolvimento em outros lugares.

[338] Talvez sempre tenha sido assim na dimensão colonial do desenvolvimento vetorial. Mas onde outrora o mundo subdesenvolvido lutou diretamente contra uma apropriação forçada e mercantilização, agora luta contra um poder abstrato e vetorial, em todos os lugares e em lugar nenhum. Antigamente, as colônias eram governadas por batalhões de soldados; agora, por uma legião de banqueiros. O mundo subdesenvolvido tem pouca escolha a não ser adquirir poder vetorial para a defesa de seus invólucros contra o poder vetorial que emana do mundo superdesenvolvido.

[339] O vetor aperfeiçoado seria a relação que se mantém naquele mundo que é, em cada um de seus aspectos e momentos, tornando-se potencialmente todos os outros mundos. O fato de este mundo não ter acontecido, mas ser de fato o aspecto virtual do mundo real como o encontramos, leva a um questionamento dos poderes que limitam esse potencial. A

restrição é o que deve ser levado em conta, a restrição imposta pela direção do desenvolvimento do vetor por sua forma mercantilizada e sua subordinação à regra da classe vetorial.

[340] A classe hacker busca a libertação do vetor do reino da mercadoria, mas não libertá-lo indiscriminadamente. Antes, submetê-lo ao desenvolvimento coletivo e democrático. A classe hacker pode liberar a virtualidade do vetor apenas em princípio. Cabe a uma aliança de todas as classes produtivas transformar esse potencial em realidade. Uma vez que as classes produtivas tenham controle real sobre o vetor, então seus poderes virtuais podem ser realizados como um processo de devir coletivo.

[341] Sob o controle da classe vetorial, o vetor procede por meio da objetivação e produz uma subjetividade correspondente. Assim como o objeto se torna um valor abstrato, o mesmo acontece com o sujeito. Surge uma subjetividade vetorial que não é o sujeito iluminado universal há muito sonhado no mundo superdesenvolvido. A subjetividade vetorial é abstrata, mas não universal. Ele adquire sua especificidade como internalização da diferenciação de valores que aparecem no plano abstrato do vetor. Essa subjetividade é tão parcial quanto a objetividade vetorial – a diferença é que um objeto não sabe que foi apropriado como um recurso pelo vetor, enquanto um sujeito sabe potencialmente. O sujeito experimenta sua parcialidade como perda ou falta, que pode buscar preencher por meio do mesmo campo de valores – o campo do vetor – que produz a falta em primeiro lugar. Ou, pode hackear o vetor, abrindo-o para a produção de qualidades excluídas da forma dominante de comunicação sob o domínio de classe.

[342] A classe vetorial luta a cada passo para manter seu poder subjetivo sobre o vetor, mas, à medida que continua a lucrar com a proliferação do vetor, alguma capacidade sobre ele sempre escapa ao controle. A fim de comercializar e lucrar com as informações que vende sobre o vetor, ele deve, em algum grau, atender à grande maioria das classes produtoras em termos de seus desejos reais. A classe vetorial encontra-se sempre abrindo o vetor para as classes produtoras e depois lutando para fechar ou reapropriar-se dos próprios desejos que evocou. O verdadeiro motim das representações produz inevitáveis motins contra a representação.

[343] Resta apenas às classes produtoras, tratadas como se fossem agentes produtivos do desejo, produzir-se realmente como e para si mesmas, e utilizar os vetores disponíveis para um devir coletivo. Essa luta pelo poder de classe por parte das classes produtoras é uma luta pelo devir coletivo. Ela se une à luta planetária pela sobrevivência, na qual toda a natureza, em todas as suas dimensões, deve aparecer como uma multidão de forças vivas e coletivas.

[344] O grande desafio para a classe hacker não é apenas criar as abstrações pelas quais o vetor pode se desenvolver, mas as formas de expressão coletiva que possam superar os limites não apenas da mercantilização, mas da objetificação em geral, da qual a mercantilização é apenas o desenvolvimento mais pernicioso e unilateral. Mas a classe hacker não pode mudar o mundo sozinha. Ela pode se oferecer para ser contratada pela classe vetorialista para a manutenção do reino da mercadoria; ou pode se expressar como uma dádiva para as classes produtoras, empurrando a abstração para além dos

limites da forma de mercadoria. A classe hacker virtualiza, as classes produtoras atualizam.

[345] O interesse da classe hacker na produção da produção, na abstração do mundo, expressão da virtualidade da natureza, pode ser harmonizado com as necessidades e interesses da própria natureza. Mas isso também é apenas um passo em direção a outra história. Uma história onde a natureza se expressa como ela mesma, não como objeto nem como sujeito, mas como sua virtualidade infinita. Uma história em que a produção de uma quarta ou quinta natureza, natureza ao infinito, afirma a natureza da própria natureza.

MUNDO

[346] O desenvolvimento desigual dos recursos da natureza que o vetor objetiva leva a relações de exploração entre os Estados. Aqueles Estados onde a classe dominante pode rapidamente assumir o controle das abstrações e aplicá-los produtivamente aos recursos adquirem poder sobre outros Estados e podem impor relações de troca desigual sobre eles.

[347] Os Estados mais desenvolvidos são aqueles em que a colcha de retalhos feudal de formas particulares de propriedade e meios tradicionais de distribuição de recursos é rapidamente substituída por formas mais produtivas, abstratas e vetoriais. As formas de propriedade local e qualitativa dão lugar à abstração da propriedade privada, que opõe agricultores a ruralistas e operários a capitalistas em escala local, depois regional e depois nacional.

[348] A cada estágio de seu desenvolvimento, essa abstração do espaço se desenvolve a partir da imposição de geografias abstratas de vetores de comunicação sobre as geografias concretas e particularizadas da natureza e da segunda natureza. O vetor cria o plano no qual as localidades se fundem em regiões, regiões em Estados, Estados em uniões supraestatais. O desenvolvimento da telestesia e a bifurcação do vetor em comunicação e transporte aceleram muito o processo.

[349] Onde quer que o hack produtivo, que melhor libera o excedente de produção possa ser identificado, aplicado e colocado em prática rapidamente, o excedente se acumula, e o poder territorial das localidades, regiões, Estados e

supraestados mais produtivos cresce rapidamente. Se o hack acelera o desenvolvimento do vetor, o vetor acelera o hack. Cada um é multiplicador do potencial do outro e dos territórios em que essa produtividade é mais desenvolvida.

[350] Onde quer que o hackeamento tenha mais liberdade, mais recursos e seja mais rapidamente adotado, um excedente é liberado, e a produtividade cresce. Onde quer que o hackeamento tenha sido aplicado mais rapidamente à mercantilização, todos os feudos locais e tradicionais e bolsões improdutivos foram liquidados, seus recursos lançados em conjuntos cada vez maiores de recursos, dos quais podem-se gerar cada vez mais possibilidades produtivas.

[351] Onde quer que o hackeamento tenha produzido as mais variadas possibilidades produtivas, surge o poder que subordina o território às suas demandas. Localidades dominam regiões, Estados etc. Onde quer que esses poderes imperiais surjam, se tornam um poder também sobre o hackeamento, subordinando-o à crescente demanda das classes dominantes por formas de abstração que melhorem e defendam seu poder. Assim, a liberdade que deu origem à abstração, e da abstração ao poder, volta a impor novas necessidades à livre expressão da classe hacker.

[352] Nos Estados onde esse processo se desenvolveu mais rapidamente, a ponto de esses centros de poder constituírem um bloco superdesenvolvido de Estados, a exploração de territórios subdesenvolvidos pelas classes dominantes cria o excedente do qual o Estado pode se comprometer com as classes produtivas e incorporar alguns de seus interesses – às custas do mundo subdesenvolvido.

[353] Os mesmos vetores que permitem uma abertura da abstração para o mundo, autorizando que as classes dominantes se expandam para o mundo em desenvolvimento, podem se tornar um meio para erguer barreiras para proteger o mundo superdesenvolvido. Assim, as classes dominantes procuram abrir o mundo em desenvolvimento aos seus fluxos de capital e informação, mas cultivam uma aliança com as classes produtivas dentro das fronteiras do mundo superdesenvolvido para a manutenção de barreiras contra os fluxos emanados do mundo subdesenvolvido. Nem o trabalho, nem os produtos do trabalho do mundo em desenvolvimento devem ter entrada livre nos territórios superdesenvolvidos.

[354] A abstração do mundo que o vetor torna possível é interrompida em um estado de desenvolvimento que representa os interesses das classes dominantes. No entanto, as classes produtoras do mundo superdesenvolvido adquiriram participação através de sua democratização parcial do Estado e socialização parcial da propriedade através da propriedade estatal. "A produção de riqueza no império dos signos é a reprodução da escassez e da pobreza 'ciberpoliciada' de tudo o que está fora."*

[355] Os ruralistas e trabalhadores rurais se unem contra o mundo subdesenvolvido para proteger os mercados de alimentos limitados pelo Estado superdesenvolvido. Da mesma forma, capitalistas e trabalhadores se unem para proteger os mercados contra os bens produzidos no mundo subdesenvolvido. Surge um "compromisso histórico" em que o vetor é implantado de forma desigual e a abstração para nas fronteiras do Estado.

[356] A classe hacker também é parcialmente acomodada, através do reconhecimento da propriedade intelectual como

propriedade e através de sua socialização parcial. A alta taxa de produção de novas abstrações é assim garantida pela acomodação dos interesses da classe hacker nos territórios superdesenvolvidos. Esse compromisso é contingente e temporário. O mundo superdesenvolvido pode deter a abstração do vetor tornando-o um meio de fechar seus interesses locais e regionais, mas o mundo superdesenvolvido também incuba o rápido hack de tecnologias vetoriais com capacidade de superar tais limites.

[357] As classes produtivas do mundo subdesenvolvido, embora privadas de recursos, excedem-se em sua engenhosidade coletiva para criar oportunidades a partir da desvantagem global. Cada resistência à sua demanda por justiça vetorial encontra meios cada vez mais inventivos para contornar a desigualdade e a exploração. No mundo subdesenvolvido, a classe hacker como classe pode não estar bem definida, devido ao estado incipiente da lei de propriedade intelectual. A prática criativa do hack, no entanto, está longe de ser subdesenvolvida. É uma parte orgânica das táticas da vida cotidiana entre as classes operárias e agrícolas, em uma medida às vezes perdida entre as classes produtivas do mundo superdesenvolvido.

[358] O compromisso entre as classes dominantes e produtivas no mundo superdesenvolvido abrange apenas os interesses dirigentes ruralistas e capitalistas, que estão, em todo caso, limitados pelo desenvolvimento parcial do potencial do vetor de conceber seu universo produtivo em um plano abstrato global. A ascensão de uma classe vetorialista que lucra com a própria abstração da informação supera rapidamente essa prudente limitação das ambições territoriais da classe dominante. A classe vetorial aspira a governar diretamente o mundo subdesenvolvido, penetrando pelos poros de seus invólucros,

em suas redes, em suas identidades – e, como consequência, provoca as reações mais ferozes.

[359] Enquanto a classe vetorial desempenhou um papel subordinado no desenvolvimento do espaço abstrato da economia mercantilizada do mundo superdesenvolvido, ela assume um papel preponderante na extensão da abstração ao mundo em geral. A sua capacidade de vetorizar todos os recursos do mundo, de os colocar todos no mesmo plano abstrato e quantificável, cria as condições para a expansão das ambições e desejos territoriais de todas as classes dominantes.

[360] A economia mercantilizada sempre foi uma força globalizadora, mas, sob o domínio do capital, o global serviu aos interesses dos poderosos Estados dominantes, enquanto sob o domínio do vetorial, os Estados passaram a servir aos interesses de uma potência global emergente. A classe vetorial destaca o poder de sua fixidez espacial. Sonha com um mundo em que o lugar dá lugar ao espaço, onde todo e qualquer *locus* que o vetor toca torna-se um nó em uma matriz de valores, produzindo objetos que podem ser livremente apropriados em sua produtividade, livremente combinados com todo e qualquer outro objeto, independentemente da distância ou do acontecimento particular de origem.

[361] À medida que a classe vetorial se destaca do invólucro do Estado, ela destrói os compromissos históricos que o capital fez com as classes produtivas dentro de suas fronteiras e esculpe informações transnacionais e mercantilizadas da cultura e educação nacional e socializada. Os vetorialistas passam a representar seus interesses por meio de organizações supraestatais, dentro das quais as classes dominantes de todos os

Estados superdesenvolvidos impõem aos outros as condições globais mais conducentes à expansão dos interesses de fazendeiros, capitalistas e vetorialistas ao redor do globo. Um índice da influência do interesse vetorial na política supranacional é a prioridade dada à proteção internacional de patentes, direitos autorais e marcas registradas e à desregulamentação da mídia e da comunicação. A abstração da propriedade sobre a qual a classe vetorial aposta seu poder requer a globalização do regime legal e o policiamento para protegê-la.

[362] Sob a liderança da classe vetorial, as classes dominantes do mundo superdesenvolvido se opõem aos interesses das classes dominantes do mundo subdesenvolvido e contra os invólucros estatais dentro dos quais esses Estados menos poderosos buscavam limitar as incursões da mercantilização global. O vetor fornece a todas as classes dominantes do mundo superdesenvolvido um meio direto, sutil e instantâneo de coordenar não apenas a objetivação de todos os recursos, mas também a vigilância e dissuasão das aspirações nacionais do mundo subdesenvolvido.

[363] Enquanto as classes dominantes do mundo subdesenvolvido lutam para manter a proteção de seus invólucros estatais, elas restringem a produtividade potencial de suas classes produtivas e se isolam da produção acelerada de abstração que vem da rápida disseminação de todo e qualquer novo hack em potencial. Mas a única opção oferecida a essas classes dominantes é se vender às classes dominantes do mundo superdesenvolvido e entregar seus territórios à liquidação das práticas locais e à subordinação às normas globais emergentes.

[364] Desesperados pelo investimento do excedente apropriado pelas classes dominantes do mundo superdesenvolvido, os Estados do mundo subdesenvolvido são forçados a escolher entre abrir mão de sua soberania ou se reconciliar com uma taxa diminuída de crescimento do excedente e uma diminuição implacável do poder em relação ao mundo superdesenvolvido.

[365] As escolhas das classes produtivas do mundo subdesenvolvido são ainda mais difíceis. Quando seus Estados perdem sua soberania, eles se tornam um recurso para a produção global de alimentos e bens, que em todos os lugares busca extrair o máximo de excedente. O Estado perde sua capacidade de socializar parte desse excedente como condição de acesso ao capital e entrada na ordem global emergente.

[366] A única alternativa oferecida às classes produtivas é aliar-se à facção das classes capitalistas e ruralistas locais que resistem à erosão da soberania nacional. Nesse caso, as classes produtivas podem fazer uma barganha dentro de um Estado isolado do desenvolvimento e deixado para trás na produção global e na distribuição do excedente. Alguma pechincha. O resultado é muitas vezes a fusão das classes dominantes com o Estado em uma forma burocrática ou cleptocrática, que, caso se torne suficientemente fraca, pode ser subvertida ou mesmo atacada diretamente pela ala militar do complexo de entretenimento militar do mundo superdesenvolvido. Os exemplos da Sérvia e do Iraque são advertências suficientes para que outros Estados se tornem ainda mais repressivos, dedicando ainda mais um excedente miserável às armas, para que não sejam vítimas dos poderes punitivos do mundo superdesenvolvido.

[367] A ascensão de uma classe vetorial, primeiro nos espaços nacionais e depois nos internacionais, traz consigo a demanda pela privatização de toda a informação. A classe vetorialista em todos os lugares entra em conflito com seus antigos aliados na medida em que os vetorialistas buscam extrair tanto excedente quanto o mercado pode suportar para todos os aspectos da produção e circulação de informações. As classes capitalistas e ruralistas contentavam-se antigamente em permitir que o Estado se encarregasse dessas atividades, que elas consideravam improdutivas, e as socializasse. A classe vetorial pressiona o Estado para privatizar todas as participações em comunicação, educação e cultura e, ao mesmo tempo, para garantir formas cada vez mais fortes de direito de propriedade intelectual, mesmo quando esses desenvolvimentos são contrários à lógica de expandir o excedente como um todo.

[368] Os interesses da classe vetorialista também entram em conflito com os das classes subalternas que se beneficiaram da socialização parcial da informação por meio do Estado. Parte do custo para as classes subordinadas dentro dos Estados dominantes é compensado pela exploração pelos vetorialistas do mundo em desenvolvimento, onde os aumentos no custo da informação pesam particularmente na luta para arrancar a liberdade da necessidade.

[369] Assim como as classes produtoras no mundo superdesenvolvido lutam dentro do Estado contra a privatização da informação, também podem se unir a interesses de todo o espectro de classes do mundo em desenvolvimento na luta global contra o monopólio vetorialista da informação. Enquanto em muitos outros aspectos as classes produtivas do mundo

superdesenvolvido e subdesenvolvido encontram seus interesses opostos, aqui elas encontram um terreno comum.

[370] A disseminação de vetores de informação cria um espaço cada vez mais abstrato dentro do qual o mundo pode aparecer como uma matriz de recursos quantificáveis. As fronteiras particulares e contingentes e as qualidades locais dão lugar a um espaço abstrato de quantificação. Esse processo não é natural ou inevitável e encontra resistência em todos os lugares, mas essa resistência é em si um produto do processo de abstração, que faz com que o que antes pareciam condições locais naturais apareça como algo ameaçado por um plano emergente de abstração. A mera resistência ao vetor assume, quer queira quer não, uma forma vetorial. O desafio para as classes produtoras não é apenas reagir ao vetor ou usá-lo reativamente, mas ver além de sua forma real para sua forma virtual.

[371] A propagação do vetor homogeneiza o espaço e unifica o tempo, atravessando os poros das antigas fronteiras do Estado e ameaçando as particularidades que antes residiam incontestadas no invólucro do Estado. Essas identidades locais que passam a se vivenciar na esteira da globalização do vetor não são sua antítese, mas apenas um produto do vetor que põe em contato e conflita as representações. O "tradicional" e o "local" aparecem como representações quando deixam de existir como outra coisa senão representação.

[372] Os vetorialistas do mundo subdesenvolvido aprendem a administrar e explorar as representações de sua própria cultura tradicional para o consumo mercantilizado global. Assim que identificam e comercializam a expressão de sua

cultura como uma mercadoria, os interesses vetoriais globais aprendem a duplicar essa aparência de autenticidade. Ao contrário das mercadorias com qualidades materiais, a informação como mercadoria pode ser livremente falsificada. Mas onde os interesses vetorialistas emanados do mundo superdesenvolvido protegem ferozmente sua "propriedade intelectual", eles se apropriam livremente da informação de valor do mundo subdesenvolvido.

[373] O vetor transforma as representações locais em competidores globais despreocupados, às vezes até mesmo levando-os a confrontos violentos ao romper sua relação aparentemente natural com o lugar. Mas o vetor também abre um domínio virtual para a produção de tipos qualitativamente novos de diferença. Essas diferenças também podem ser apanhadas na guerra de representação e no policiamento dos domínios de significado e importância da informação. Mas o vetor também pode ser o plano sobre o qual uma livre expressão da diferença pode se afirmar e se renovar. A heterogeneidade floresce ao lado da imposição de formas uniformes de mercadorias globais, como uma nova multiplicidade extraída (*hacked out*) do vetorial.

[374] A política da globalização passa a representar a confluência e a confusão dessas tendências. Ele coloca o mundo superdesenvolvido contra o mundo subdesenvolvido e cria alianças temporárias e oportunistas entre as linhas de classe dentro de um Estado ou entre as linhas de Estado dentro de uma classe. Ao longo de ambos os eixos, a classe vetorial passa a dominar todas as outras em sua capacidade de fazer e quebrar alianças à vontade, por meio de sua dominação do

vetor, o próprio meio de trocar a representação de identidade ou a expressão de interesse.

[375] As classes produtivas são prejudicadas em sua capacidade de desenvolver alianças, mesmo entre suas próprias espécies, mas particularmente com as classes produtivas de outros Estados de diferentes trajetórias de desenvolvimento. As classes produtivas, em sua maioria, ainda existem dentro dos invólucros nacionais, tendo percebido seus interesses e desejos até hoje dentro dos limites da identidade nacional, em vez de expressões de classe de caráter transversal.

[376] A máquina do Estado, tanto no mundo superdesenvolvido quanto no subdesenvolvido, está perdendo sua capacidade de incorporar os interesses das classes produtivas na forma de um compromisso com os interesses dominantes locais. As classes dominantes em todos os lugares abandonam seus compromissos dentro do Estado, à custa das classes produtivas. Isso tanto atenua quanto corrói a representação do interesse em termos de nacionalismo. As classes produtivas em toda parte recuam para antes do nacionalismo, no ponto em que ele se torna incapaz de assegurar apenas as mais ilusórias representações do desejo.

[377] A perfuração das fronteiras nacionais desenvolve-se de forma desigual. As classes produtivas do mundo superdesenvolvido mantêm seu poder de retardar o livre fluxo de alimentos e mercadorias do mundo subdesenvolvido e de manter oportunidades de trabalho que poderiam beneficiar tanto as classes dirigentes quanto as produtoras do mundo subdesenvolvido. Mas isso apenas dificulta a capacidade das classes produtivas do mundo superdesenvolvido de formar

alianças com as classes produtivas do mundo subdesenvolvido e encoraja as classes produtivas do mundo subdesenvolvido a aceitar seus próprios governantes como representantes de seus interesses.

[378] As diferenças emergem também na política de desenvolvimento de um aparato supraestatal capaz de representar interesses em escala regional ou global. No mundo subdesenvolvido, as classes produtivas podem identificar seus interesses com os interesses locais capitalistas ou ruralistas, que lutam para usar os órgãos supraestatais como um meio de abrir os mercados do mundo superdesenvolvido para seus bens e alimentos da mesma forma que são forçados a abrir seus territórios aos interesses governantes do mundo superdesenvolvido, particularmente representados por meio dos órgãos supraestatais que a classe dominante do mundo superdesenvolvido controla desproporcionalmente.

[379] Enquanto o mundo superdesenvolvido permanece relativamente fechado aos objetos produzidos no mundo subdesenvolvido, ele se torna um ímã para seus súditos. Muitos membros das classes produtivas do mundo subdesenvolvido procuram migrar, legal ou ilegalmente, para o mundo superdesenvolvido. Como o mundo superdesenvolvido não aceita suas mercadorias, causando subemprego e migração, também se recusa a abraçar essa migração que ele mesmo desencadeou. A migração força ainda mais o potencial de alianças entre as classes produtivas dos mundos superdesenvolvidos e subdesenvolvidos, pois cada um vê no outro um estrangeiro oposto à sua identidade local.

[380] Na medida em que o mundo subdesenvolvido encontra alguma oportunidade de desenvolvimento, apesar de todos os obstáculos, ele se torna objeto dos interesses excedentes da classe vetorialista. Onde outras classes dominantes apenas querem explorar o trabalho ou os recursos do mundo em desenvolvimento e são mais ou menos indiferentes à sua expressão cultural e vida subjetiva, a classe vetorialista procura transformar as classes produtivas de todo o mundo em consumidores de sua cultura, educação e comunicação mercantilizadas. Isso apenas endurece ainda mais a resistência à abstração do mundo e o recuo ao nacionalismo ou localismo como representação de interesses.

[381] Mas e a classe hacker como uma classe? Onde estão seus interesses em todos esses desenvolvimentos globalizantes? O interesse da classe hacker reside, antes de tudo, na livre expansão dos vetores de comunicação, cultura e conhecimento ao redor do globo. Somente através da livre abstração do fluxo de informações de preconceitos locais e interesses contingentes, sua virtualidade pode ser plenamente realizada. Somente quando livre para se expressar através da exploração e combinação de todo e qualquer tipo de conhecimento, em todo e qualquer lugar do mundo, a classe hacker pode realizar seu potencial, para si e para o mundo.

[382] Há uma diferença gritante entre a livre abstração do fluxo de informação e sua abstração sob o domínio da mercadoria e no interesse da classe vetorial. A mercantilização da informação não produz senão uma nova escassez global de informação, restringindo o potencial de sua livre expressão e ampliando as desigualdades que limitam a livre virtualidade do vetor. A classe hacker se opõe à forma real do vetor

em nome de sua forma virtual, não em nome de um desejo romântico de retornar a um mundo seguro atrás de invólucros estatais e identidades locais.

[383] A disseminação vetorial da informação mercantilizada produz tanto a mercantilização das coisas quanto a mercantilização do desejo. Isso aumenta a consciência de uma exploração global que beneficia as classes dominantes do mundo superdesenvolvido, mas o faz representando a injustiça apenas como desigualdade material. As classes produtoras dos mundos superdesenvolvidos e subdesenvolvidos passam a se comparar com as representações umas das outras. Um despreza o outro pelo que tem – e a si mesmo pelo que lhe falta. Um despreza o outro pelo que quer – e a si mesmo pelo que tem a perder.

[384] No mundo subdesenvolvido surgem a inveja e o ressentimento; no mundo superdesenvolvido, medo e fanatismo. Mesmo quando as classes produtivas se conscientizam da dimensão vetorial de sua exploração, elas representam seus interesses puramente em termos locais ou nacionais e tornam-se surdas às contradições entre os diferentes interesses locais. A luta por uma expressão abstrata dos interesses das classes produtoras globais encontra-se cercada por emaranhados de interesses locais e particulares que recusam a reconciliação, mas cuja consciência de classe em escala global não é abstrata e múltipla o suficiente para abarcar.

[385] A classe hacker sempre encontra seu interesse na produtividade livre da informação subordinada aos interesses da classe vetorial em extrair um excedente do hack e de promover apenas os hacks que geram um excedente. Mas também

descobre que a classe vetorial recruta cada vez mais sujeitos para este mundo em que eles se apresentam como nada mais do que o que lhes falta, conduzindo assim as classes produtivas para o emaranhado de representações particulares e locais, que são cada vez mais o produto de nada mais que um vetor abstrato e universalizante.

[386] Por mais difícil que seja, a classe hacker pode comprometer-se com a livre aliança das classes produtivas em todos os lugares, e pode dar sua modesta contribuição para superar os interesses locais e contingentes que opõem as classes produtivas em todos os lugares contra si mesmas. Essa contribuição pode ser técnica ou cultural, objetiva ou subjetiva, mas pode, em todos os lugares, assumir a forma de extração da virtualidade que uma abstração global livre expressaria como uma alternativa à sujeição mercantilizada, que tanto a dominação local quanto a global, pela propriedade privada, representam.

[387] A produção de mercadorias está em transição do domínio do capital como propriedade para o domínio da informação como propriedade. A teoria da transição para um mundo além da produção de mercadorias ainda não fez essa mesma transição. Esse corpo de teoria passou por duas fases, que correspondem a dois tipos de erro. Na primeira fase, quando a teoria estava nas mãos do movimento operário, ela fetichizava a infraestrutura econômica da formação social. Na segunda fase, quando estava nas mãos dos radicais acadêmicos, fetichizou as superestruturas da cultura e da ideologia. A teoria do primeiro tipo reduz a superestrutura a um reflexo da economia; a teoria do segundo tipo concede à superestrutura uma relativa autonomia. Nenhuma das duas compreende as mudanças fundamentais na produção

de mercadorias que tornam obsoleto esse entendimento da formação social ou os novos tipos de luta de classes que agora emergem sob o signo da dominação da informação como propriedade. A propriedade é um conceito que ocupa um lugar liminar e indefinível entre economia e cultura. Nossa tarefa hoje é compreender o desenvolvimento histórico da produção de mercadorias do ponto de vista da propriedade, fulcro sobre o qual articulam não apenas a infraestrutura e a superestrutura, mas também a luta de classes.

[388] Através da renovação da história, como história hacker, surge uma teoria do vetor como teoria de classe. Essa teoria oferece ao mesmo tempo uma abstração através da qual o vetor como uma força de abstração em ação no mundo pode ser apreendido, bem como uma consciência crítica do abismo entre os poderes virtuais do vetor e suas limitações reais sob o reino da classe vetorial. A partir dessa perspectiva emergente, tentativas passadas de mudar o mundo aparecem como meras interpretações. As interpretações atuais, mesmo as que reivindicam filiações à tradição histórica, aparecem como cativas da mercantilização da informação sob o reinado da classe vetorial.

[389] Nesta idade cansativa, em que até o ar se desmancha em ondas de ar, onde tudo o que é profano é embalado como se fosse profundidade, ainda surge a possibilidade de hackear meras aparências e fugir com elas. Existem outros mundos, e eles são este.

ESCRITOS

ABSTRAÇÃO

[007] Gilles Deleuze e Félix Guattari, *O que é a filosofia?* (São Paulo: 34, 1992, p. 15). Ao longo de *Um manifesto hacker*, certos protocolos de leitura são aplicados aos vários arquivos textuais nos quais ele se baseia e que exigem alguma explicação. Não é tanto uma leitura "sintomática" quanto uma leitura homeopática, voltando os textos contra suas próprias limitações, impostas a eles por suas condições de produção. Por exemplo, há uma indústria em formação, dentro do negócio da educação, em torno do nome de Deleuze, da qual ele pode ter de ser resgatado. Sua filosofia não se restringe ao que é, mas é aberta ao que poderia ser. Em *Negotiations*, ele pode ser encontrado produzindo conceitos para abrir o terreno político e cultural e fornecendo linhas para escapar do Estado, mercado, partido e de outras armadilhas de identidade e representação. Seus gostos eram aristocráticos – limitados à cultura educacional de seu lugar e sua época – e sua obra se presta à armadilha da elaboração puramente formal do tipo desejado pelo mercado educacional anglo-americano em particular. É melhor pegar Deleuze por trás e dar a ele uma descendência mutante por concepção imaculada. Qual era, afinal, o próprio procedimento de Deleuze. Ele pode ser afastado de seus próprios hábitos sedentários.

[011] Guy Debord, *Sociedade do espetáculo* (Rio de janeiro: Contraponto, 1997, p. 110). Esta obra clássica na tradição criptomarxista estabelece o padrão para um pensamento crítico

em ação. O texto de Debord é concebido de tal forma que as tentativas de modificar suas teses inevitavelmente as modelam e, assim, revelam a cumplicidade do modificador com a "sociedade espetacular" que Debord tão (anti)espetacularmente condena. É uma obra que só pode ser honrada por uma reimaginação completa de suas teses em uma base mais abstrata, um procedimento que o próprio Debord aplicou a Marx e que forma a base do procedimento criptomarxista.

[021] Arthur Kroker e Michael A. Weinstein, *Data Trash: The Theory of the Virtual Class* (Nova York: St Martin's, 1994, p. 6). O grande mérito deste livro é ter apreendido a dimensão de classe para o surgimento da propriedade intelectual. Resta apenas examinar a propriedade intelectual como propriedade para chegar ao que K+W não mapearam – a composição de classe das novas forças radicais que podem se opor a ela. *Data Trash* identifica a formação da nova classe dominante como a "classe virtual", enquanto *Um manifesto hacker* prefere não oferecer o virtual como refém semântico do inimigo.

CLASSE

[024] Karl Marx e Friedrich Engels, *Manifesto do Partido Comunista* (São Paulo: Boitempo, 2005, p. 69). Karatani veria a questão da propriedade vindo de Marx, mas a resposta da propriedade estatal como pertencente a Engels, e uma distorção de toda a trajetória de Marx. Ver Kolin Karatani, *Transcritique: On Kant and Marx* (Cambridge MA: MIT Press, 2003). *Um manifesto hacker* claramente não é um tratado marxista ortodoxo nem um repúdio pós-marxista, mas sim uma reimaginação criptomarxista do método materialista para praticar a teoria dentro da história. De Marx, pode-se tomar a

tentativa de descobrir a abstração em ação no mundo, como um processo histórico, e não apenas como uma categoria conveniente no pensamento com a qual criar um novo produto intelectual. O pensamento criptomarxista pode se aproximar da multiplicidade do tempo da vida cotidiana, que exige uma reinvenção da teoria a cada momento, em fidelidade ao momento, em vez de uma repetição de uma representação de uma ortodoxia passada ou uma "crítica" egoísta dessa representação no interesse de tornar Marx seguro para o processo educacional e seu tempo medido e repetitivo.

[031] Critical Art Ensemble, *Distúrbio Eletrônico* (São Paulo: Conrad, 2001). Ver também Critical Art Ensemble, *The Molecular Invasion* (Nova York: Autonomedia, 2002). Este grupo descobre, por meio de sua prática sempre inventiva, exatamente o que precisa ser pensado no nexo de informação e propriedade e fornece ferramentas úteis para iniciar esse projeto. Seu trabalho é particularmente esclarecedor no que diz respeito à mercantilização da informação genética – uma atividade de linha de frente para o desenvolvimento da classe vetorial. Tudo o que é necessário é um aprofundamento na prática de pensar abstratamente. Juntamente com grupos, redes e colaborações como Adilkno, Ctheory, EDT, Institute for Applied Autonomy, I/O/D, Luther Blissett Project, Mongrel, Nettime, Oekonux, Old Boys' Network, Openflows, Public Netbase, subRosa, Rhizome, ®™ark, Sarai, The Thing, VNS Matrix e The Yes Men, o Critical Art Ensemble forma uma espécie de movimento, onde arte, política e teoria convergem em uma crítica mútua. Esses grupos têm apenas uma "semelhança de família" entre si. Cada um compartilha uma característica com pelo menos um outro, mas

não necessariamente a mesma característica. *Um manifesto hacker* é, entre outras coisas, uma tentativa de se abstrair das práticas e conceitos que eles produzem. Ver também Josephine Bosma et al., *Readme! Filtered by Nettime* (Nova York: Autonomedia, 1999).

[032] Naomi Klein, *Sem logo: a tirania das marcas em um planeta vendido* (Rio de janeiro: Record, 2004, p. 58). Ver também Naomi Klein, *Cercas e janelas* (Rio de Janeiro: Record, 2003). Este trabalho exemplar de jornalismo descobre o nexo entre a marca e o logotipo como emblemas do esvaziamento da economia capitalista no mundo superdesenvolvido e o rebaixamento do grande volume da produção capitalista para as fábricas do mundo subdesenvolvido. Vemos claramente aqui que o capital foi superado como uma formação histórica em tudo, menos no nome. Klein para na descrição dos sintomas, no entanto. Ela não oferece o diagnóstico correto. Mas essa não é a tarefa a que ela se propõe. Não pode haver um livro, nenhum pensador mestre para estes tempos. O que é necessário é uma prática de combinar modos heterogêneos de percepção, pensamento e sentimento, diferentes estilos de pesquisa e escrita, diferentes tipos de conexão com diferentes leitores, proliferação de informações em diferentes mídias, tudo praticado dentro de uma economia da dádiva, expressando e elaborando diferenças, em vez de difundir um dogma, um *slogan*, uma crítica ou uma linha. A divisão de gêneros e tipos de escrita, como todos os aspectos da divisão intelectual do trabalho, são antitéticos ao desenvolvimento autônomo da classe hacker como classe, e funcionam apenas para reforçar a subordinação do conhecimento à propriedade pela classe vetorial.

[035] Gregory Bateson, *Steps Towards an Ecology of Mind* (Nova York: Ballantine, 1972). Bateson compreendeu o vínculo entre informação e natureza em um nível abstrato, mesmo quando se esquivou de examinar as forças históricas que forjaram exatamente esse vínculo. E, no entanto, ele é um pioneiro no pensamento e ação hacker em seu desrespeito às regras de propriedade dos campos acadêmicos. Ele pula alegremente da biologia para a antropologia e para a epistemologia, vendo nas divisões entre campos, até mesmo entre declarações, uma construção ideológica do mundo como adequado apenas para zoneamento e desenvolvimento no interesse da propriedade. No momento em que se formavam os fundamentos da ideologia da classe vetorial, na ciência da informação, na informática, na cibernética, e quando se descobria a informação como a nova essência dos fenômenos sociais e até naturais, Bateson apreendeu sozinho o uso crítico desses conceitos nascentes.

[046] Antonio Negri, *The Politics of Subversion: A Manifesto for the Twenty-First Century* (Cambridge: Polity, 1989, p. 203). O marxismo de Negri é um marxismo vivo, mas que busca enxertar o novo no velho *corpus* nas conjunturas erradas. É menos útil reaproveitar os escritos de Marx sobre trabalho imaterial e subsunção real do que revisitar a questão central da propriedade e reimaginar a relação de classe em termos do desenvolvimento histórico da forma de propriedade. Negri, que tanto tinha a dizer sobre a recomposição da classe trabalhadora no mundo superdesenvolvido e como as energias das classes produtivas impulsionam a economia mercantilizada de baixo para cima, não encontra uma nova

linguagem adequada ao momento histórico, quando o trabalho é empurrado para a periferia e uma formação de classe inteiramente nova surge no mundo superdesenvolvido.

EDUCAÇÃO

[051] Stanley Aronowitz, *The Knowledge Factory* (Boston: Beacon Press, 2000, p. 10). A teoria crítica que não se volta para sua própria implicação na mercantilização do conhecimento é meramente uma teoria hipócrita. Em Aronowitz encontramos os dados essenciais para estabelecer que esse contexto institucional não é neutro. Ele também pode ser uma figura exemplar para imaginar maneiras de configurar uma prática na educação que avança a causa do conhecimento.

[057] Bill Readings, *The University in Ruins* (Cambridge, Mass.: Harvard University Press, 1996, p. 191). O limite desta intrigante crítica é que ela identifica sintomas, dentro da educação, de processos que ocorrem sem, no entanto, traçar suas origens para além dos muros da academia, até a ascensão da classe vetorialista. Readings imagina um processo de investigação livre e aberto, mas é limitado às humanidades e a tipos bastante específicos de estudos em humanidades, reforçando, assim, apenas preconceitos entre "campos". Sua versão de uma prática livre e aberta do conhecimento só é imaginável no tempo homogêneo, segmentado e contínuo do aparato educacional. Readings propõe uma narrativa em que a promessa utópica da educação é o melhor dos mundos possíveis para o conhecimento. O conhecimento é traído apenas na era da "globalização", que é quando a classe vetorial o mercantiliza sob a capa da retórica da "excelência". Isso ignora a longa história da educação como um regime de escassez. As leituras

naturalizam a educação como o lar do conhecimento, obscurecendo-a assim da crítica. Este é, em última análise, um trabalho não de teoria crítica, mas de teoria hipócrita, incapaz de examinar suas próprias condições de produção.

[062] Karl Marx, *Crítica do Programa de Gotha* (São Paulo: Boitempo, 2012, p. 33). Com a canonização – e mercantilização – das principais obras de Marx como matéria adequada para o processo educacional, um projeto criptomarxista de renovação pode olhar melhor para os textos que o aparato educacional considera marginais. Textos, por exemplo, que estão vinculados aos eventos de seu tempo, em vez de serem considerados como desdobramentos em algo como o tempo universal e homogêneo da indústria educacional. Este texto em particular tem a alegria adicional de ser um lugar onde Marx se distancia mais claramente dos "marxistas" que já estavam transformando a crítica em dogma. É o lugar onde o próprio Marx já é um criptomarxista, diferenciando seu pensamento de qualquer representação imatura.

[069] Alexander Bard e Jan Söderqvist, *Netocracy: The New Power Elite and Life after Capitalism* (Londres: Reuters, 2002, p. 107). Ver também Slavoj Zizek, *Organs without Bodies: On Deleuze and Consequences* (Nova York: Routledge, 2004, pp. 192-195). No que B+S propõem como uma ordem "informacionalista" emergente, a ideologia reinante, ou "constante assumida", não é mais Deus ou o Homem, mas a Rede. Como este é um momento de transição, há turbulência, pois a constante Humanista entra em colapso e uma nova constante luta busca emergir. Há a desconstrução da constante humanista, seu mero deslocamento como Linguagem ou Sujeito, e há

tentativas desesperadas de sustentá-la – o que B+S chamam de hiperegoísmo, hipercapitalismo, hipernacionalismo. O declínio das instituições sociais da era capitalista é o sinal, para B+S, de uma ascensão do informacionalismo e do que eles chamam de classe dominante "netocrática". A mídia, liberada de sua dependência do Estado, desvaloriza a política. A mídia torna-se uma esfera separada, não mais mantendo uma relação de representação com uma esfera pública burguesa. A informação tornou-se um novo tipo de culto religioso. Os campos da economia, infonomia e biologia estão se fundindo em torno do conceito de informação como pura quantidade. A qualidade foi quase extinta como um valor. Mas informação não é o mesmo que conhecimento. A informação torna-se uma mercadoria barata e abundante, enquanto o que tem valor é o conhecimento exclusivo, a visão efetiva, a síntese oportuna. B+S argumentam que uma proliferação infinita de informações, pontos de vista e interesses pode funcionar tão bem quanto a censura e a repressão na manutenção das novas prerrogativas da classe dominante. A tarefa estética e política não é proliferar ou agregar, mas qualificar – e esta é a essência do poder netocrático. B+S veem uma facção renegada da classe netocrática rompendo fileiras e passando para o lado das classes subalternas. Sua classe netocrática é um amálgama dos interesses dos vetorialistas e dos hackers, pois eles não os distinguem claramente ao fazer a "questão da propriedade". Como Himanen, eles confundem o genuinamente inovador com o meramente empreendedor.

[070] Richard Stallman, op. cit. Sam Williams, *Free as in Freedom: Richard Stallman's Crusade for Free Software* (Sebastopol, Calif.: O'Reilly, 2002, p. 76). Veja também Richard Stallman,

Free Software, Free Society: Selected Essays (Boston: GNU Press, 2002). Depois de uma carreira exemplar como hacker de software, Stallman passou a hackear a política da informação. Seu movimento de Software Livre desafia a noção de que o copyright é um direito natural. E, no entanto, ele não ataca a classe vetorialista de frente. Ele usa a lei de direitos autorais contra si mesma, como instrumento para criar uma liberdade aplicável, em vez de usar a lei de propriedade intelectual como falta de liberdade aplicável. A Licença Pública Geral de Stallman insiste não apenas que o que é lançado sob a licença pode ser compartilhado, mas também que versões modificadas que incorporam material emitido sob esta licença também devem ser livres. Embora Stallman afirme repetidamente que não é contra os negócios, ele defende uma compreensão bem diferente da economia da informação. Para Stallman, a escassez artificial criada pelo acúmulo de informações é antiética. Se ele gosta de algo, ele quer compartilhar. O software livre é baseado na vantagem social da cooperação e na vantagem ética de respeitar a liberdade do usuário. É explicitamente um passo em direção a um mundo pós-escassez. Ele vê o software livre como um idealismo prático que espalha liberdade e cooperação – a "ética hacker". Ele distingue Software Livre de Código Aberto. Open Source é uma metodologia de desenvolvimento; Software Livre é um movimento social. Stallman complementa seus esforços práticos para espalhar software livre sob a *General Public License* com uma crítica do que aconteceu com o sistema de direitos autorais. Stallman insiste que, nos Estados Unidos, o copyright começou não como um direito natural, mas como um monopólio artificial – originalmente por tempo limitado. Os direitos autorais fornecem benefícios para editores e autores não para benefício próprio, mas para o bem comum. Era para ser um incentivo para escrever e publicar mais. No entanto, os escritores devem ceder direitos aos editores para serem publicados. Os escritores não possuem os meios de produção e distribuição para realizar o valor de suas obras e, portanto, perdem o controle sobre o produto de seu trabalho. À medida que os editores acumulam riqueza na forma de direitos autorais exploráveis, a legitimação dos direitos autorais muda do interesse comum de uma comunidade de leitores para um "equilíbrio" de interesses entre escritores e leitores. Ou melhor, entre leitores e editores. Onde os direitos autorais licenciam monopólios temporários no interesse do bem comum, o regime emergente de direitos de "propriedade intelectual" protege os interesses dos editores – da classe vetorialista – como um interesse em si. O que tinha de ser justificado pelo copyright era o monopólio artificial; o que deve ser confundido com a propriedade intelectual é como ela representa o "interesse comum". O que, afinal, é ser "equilibrado"? A liberdade do leitor de fazer o que quiser com a informação ou o interesse do leitor em produzir mais dela? Sob o regime de propriedade intelectual, apenas o último é um "direito", não o primeiro. O direito do leitor é meramente o direito de adquirir propriedade intelectual. Mesmo se aceitarmos a duvidosa suposição de que a propriedade intelectual maximiza a produção, o que ela maximiza é a produção de falta de liberdade. Tendo perdido o direito de plagiar, cooptar e modificar obras como quiserem, os leitores descobrem que seu único direito é comprar obras de editores. Os editores, então, afirmam que qualquer coisa que tire suas vendas é "pirataria". Os autores não se encontram em melhor situação do que os leitores (ou ouvintes, ou espectadores). Enfrentamos uma classe vetorialista que agora reivindica seus direitos como primordiais. O bem público deve ser medido pelas margens das indústrias vetoriais e por mais nada. Tendo assegurado seus interesses até agora, a classe vetorialista então defende o fechamento completo dentro da propriedade de todos os aspectos da informação. Eles querem criptografar informações, vinculando-as artificialmente a objetos materiais específicos. Querem sanções criminais para qualquer outra pessoa que viole esse, agora absoluto, direito de propriedade privada. As patentes, como Stallman aponta, funcionam de maneira muito diferente dos direitos autorais, e, no entanto, o resultado final é o mesmo – a garantia da informação como propriedade que tem valor equivalente no terreno abstrato da mercantilização. Ao contrário dos direitos autorais, as patentes não são automáticas, mas precisam ser registradas, produzindo uma loteria que toma tempo dos hackers que às vezes nunca sabem quem detém uma patente sobre o quê. Isso é um fardo menor para a classe vetorialista. As empresas vetoriais acumulam portfólios de patentes e licenças cruzadas umas para as outras, reforçando a posição de quase monopólio umas das outras. Para Stallman, o que é mais irritante sobre o cerco de informações dentro da propriedade não é tanto a escassez de inovação, mas a escassez de cooperação – da própria prática do presente que é central para a ética hacker.

HACKEANDO

[071] Steven Levy, *Hackers: Heroes of the Computer Revolution* (Nova York: Penguin, 1994, p. 23). Este é o relato jornalístico clássico do hacker como engenheiro de computação e as lutas dos hackers para manter o espaço virtual para o hack contra as forças da tecnologia mercantilizada e da educação – e o gigante iminente do complexo de entretenimento militar. Um

estudo dessas histórias exemplares rapidamente desmente o boato de que somente tornando a informação propriedade podem ser introduzidos "incentivos" que irão promover o desenvolvimento de novos conceitos e novas tecnologias. Os hackers que trabalham no livro de Levy produzem trabalhos extraordinários a partir de desejos moldados quase exclusivamente pela economia da dádiva. Os circuitos autônomos e autogerados de prestígio da economia da dádiva produzem circuitos autogerados de inovação extraordinária.

[072] Pekka Himanen, *The Hacker Ethic and the Spirit of the Information Age* (Nova York: Random House, 2001, pp. 7, 18, 13). Se *A Hacker Ethic* busca ressuscitar o espírito de Max Weber, então *Um manifesto hacker* oferece uma resposta criptomarxista. O excelente trabalho de Himanen tem muito a dizer sobre o tempo hacker e sua antítese ao tempo mercantilizado, mas Himanen ainda busca reconciliar o hacker com a classe vetorial. Ele intencionalmente confunde o hacker com o "empreendedor". O hacker produz o novo; o empresário apenas descobre seu preço. Na economia vetorial, onde muito do que é oferecido não tem valor de uso e o valor de troca é uma mera possibilidade especulativa, o empresário é uma figura heroica quando e se ele ou ela pode inventar novas necessidades *ex nihil*. Aqui a "mão invisível" é o blefe de um jogador de pôquer. O empresário apenas reitera a necessidade desnecessária; o hacker expressa o virtual. A confusão de um com o outro é um truque ideológico destinado a emprestar algum glamour à necromancia sombria do poder vetorial.

[074] Brian Massumi, *Parables for the Virtual* (Durham: Duke University Press, 2002, p. 30). Nunca o virtual foi mais delicadamente descrito, nem a dificuldade de lhe abrir um espaço dentro do vetor, mas fora do limite da comunicação. Massumi traz o pensamento de Deleuze para um encontro realmente frutífero com o espaço do vetor como um espaço histórico e físico, ao invés de um espaço meramente filosófico e metafísico. Mas ainda há aqui a dificuldade de seguir Deleuze na direção de uma metafísica pura e criativa, que perde a capacidade de se compreender como histórica, como expressão de uma possibilidade que chega em um dado momento. Há um ajuste muito nítido entre o plano ontológico puro no coração do pensamento de Deleuze e o espaço discursivo "desinteressado" que o pensamento esculpe para si mesmo dentro do mundo fechado da educação.

[079] Ronald V. Bettig, *Copyrighting Culture* (Boulder: Westview, 1996, p. 25). Saindo da tradição dos estudos críticos de comunicação, este trabalho cobre um terreno útil ao detalhar como funciona a economia vetorial emergente, mas que em seu pensamento procura reduzi-la às categorias e experiências da era em que o capital dominava a economia mercantilizada. Os estudiosos da comunicação crítica estão certos ao enfatizar a falta de autonomia que a cultura e a comunicação têm da economia mercantilizada, mas errados ao pensar que essa economia mercantilizada ainda pode ser descrita na linguagem do capitalismo. A atenção ao problema da economia própria da comunicação e da cultura mostra que ela se libertou justamente de uma concepção superada de sua forma-mercadoria.

[083] Andrew Ross, Strange Weather: *Culture, Science and Technology in the Age of Limits* (Londres: Verso, 1991, p. 11). Ver também Andrew Ross, *No Collar* (Nova York: Basic Books, 2002). Se o jornalismo é o primeiro rascunho da história, os estudos culturais são o segundo rascunho. Ou, pelo menos, pode ser o melhor, e Ross pode ser um exemplo. Ross investiga a dimensão virtual da produtividade das classes produtivas. Ele descobre a luta de classes pela informação em toda a extensão da fábrica social. Na vida cotidiana, trabalhadores de todos os tipos lutam para produzir significado de forma autônoma. As pessoas criam significado, mas não com os meios de sua própria escolha. Os estudos culturais até agora só interpretaram os poderes interpretativos das classes produtivas; o objetivo, no entanto, é torná-los um agente de mudança. Os estudos culturais estavam certos ao ver os fenômenos na esfera cultural como não necessariamente determinados por eventos em uma dada "base" econômica, mas errados ao dar pouco peso às mudanças na forma de mercadoria à medida que ela se expandia para abranger a informação. Longe de descobrir um domínio de "autonomia relativa" da velha luta de classes, os estudos culturais descobriram um domínio saturado nas novas lutas de classes em torno da informação como propriedade, mas que renunciou às próprias ferramentas para analisá-la como tal.

HISTÓRIA

[091] Gilles Deleuze e Félix Guattari, *O que é a filosofia?* (São Paulo: 34, 1992, p. 125). Entre outras coisas, a filosofia é uma ferramenta a ser usada para escapar da mercantilização da informação como comunicação, mas somente quando ela escapa da mercantilização do conhecimento também como

educação. D+G descrevem em termos um tanto formais e gerais o espaço de possibilidade do pensamento hacker. Mas sua versão de fuga da história pode facilmente assumir uma forma aristocrática, uma celebração de singulares obras de arte e artefatos do alto modernismo. Estes, por sua vez, são facilmente capturados pelo mercado acadêmico e cultural, como produtos de design dos supereducados. D+G facilmente se tornam a Dolce e Gabbana do intelectual.

[104] Ellen Meiksins Wood, *The Origin of Capitalism: A Longer View* (Londres: Verso, 2002, p. 125). Aqui Wood mostra como o que ela chama de "capitalismo agrário" precedeu a ascensão do capitalismo industrial. Não é preciso adotar todas as suas posições nos vários argumentos entre os historiadores materialistas para ver o mérito de tratar a produção de mercadorias historicamente, como tendo fases distintas. Se teve duas fases – capital "agrário" e "industrial" – por que não uma terceira? E por que não, já agora, rever a terminologia, do ponto de vista da presente conjuntura? A erudição marxista de todos os tipos, em história, antropologia, sociologia, ciência política, pode ser apropriada – e desviada – para um projeto criptomarxista, mas isso envolve uma prática homeopática muito particular de leitura, que completa a crítica iniciada no texto do mundo ao virar o mundo, por sua vez, contra o texto. Trata-se de uma leitura que se apropria do útil de discursos heterogêneos e os sintetiza em uma escrita que aborda a classe hacker na temporalidade do cotidiano, em vez de abordar o tempo e o espaço reificados da educação.

[117] James Boyle, Shamans, *Software, and Spleens: Law and the Construction of the Information Society* (Cambridge,

Mass.: Harvard University Press, 1996, p. 9). Uma das grandes forças do livro de Boyle é apontar as contradições dentro da teoria econômica que esta era vetorialista herdou dos ideólogos da era capitalista, contradições relativas ao próprio conceito de informação em si. Quando vista do ponto de vista da "eficiência" econômica, a informação deveria ser livre; quando vista do ponto de vista do "incentivo", a informação deveria ser uma mercadoria. Boyle também aponta utilmente que a identificação da "originalidade" como o princípio governante da criação de uma nova propriedade, e um autor como o sujeito responsável por trazer este novo objeto ao mundo, necessariamente exclui dele a contribuição da produção coletiva de recursos de informação para todo e qualquer hack. Ele mostra claramente como o que chama de "conversa de autor" é na verdade contrário ao interesse hacker. A longo prazo, coloca a informação nas mãos da classe vetorialista, que possui os meios para realizar seu valor. Boyle ainda, provisoriamente, levanta a possibilidade de uma análise de classe da informação. Ele não a persegue. Ele não vê que o reconhecimento da produção coletiva de informação – o plágio de Lautréamont – já é o equivalente no reino da informação da teoria da mais-valia de Marx. Para Marx, os produtos de segunda natureza são o produto coletivo da classe trabalhadora. Da mesma forma, os produtos de terceira natureza são o produto coletivo da classe hacker. Além disso, Boyle fica aquém de uma análise de classe da classe dominante quando confunde os interesses de corporações individuais com o interesse de classe vetorial. Uma Microsoft ou Time Warner tentará usar as leis de propriedade intelectual a seu favor, dependendo do caso em questão, mas a falta de uma posição consistente não vicia um interesse de classe em ter acesso a uma área jurídica na qual interesses vetoriais rivais disputam os detalhes, mas são acordados sobre o essencial – essa informação pertence, como propriedade privada, em suas mãos coletivas.

INFORMAÇÃO

[130] Gilles Deleuze e Félix Guattari, *O que é a filosofia?* (São Paulo: 34, 1992, p. 140). Muitas vezes se esquece que o ponto de partida para este texto é uma crítica à grande massa de especialistas e mera opinião dentro da comunicação. Ou seja, que parta de uma crítica das superfícies do cotidiano sob o domínio da classe vetorial. Apesar de todos os seus méritos, no entanto, a virada de D+G para a filosofia, arte e ciência por conta própria não é suficiente. Tampouco basta descobrir as diferenças constitutivas entre esses três meios soberanos de hackear o virtual. O elo perdido é uma análise de como a arte, a ciência e a filosofia são degradadas em meras ferramentas úteis para o poder vetorial.

[135] Michael Perelman, *Class Warfare in the Information Age* (Nova York: St. Martin's, 1998 p. 88). Ver também Michael Perelman, *Steal This Idea* (Nova York: Palgrave Macmillan, 2002). Nada foi mais prejudicial para o pensamento marxista do que a divisão do trabalho que permitia aos economistas dentro do aparato educacional ignorar as superestruturas culturais, enquanto os estudos culturais ignoravam os desenvolvimentos na economia e reivindicavam um direito exclusivo às superestruturas culturais. O resultado foi que ambos perderam um desenvolvimento crucial que ocorreu entre essas duas competências mutuamente alienadas – o desenvolvimento da informação como propriedade. Perelman faz um trabalho útil

para desmascarar as ideologias emergentes da classe vetorialista, mas permanece um tanto fixo em pensar a economia mercantilizada apenas em termos de sua fase capitalista.

NATUREZA

[143] Friedrich Nietzsche, *Unfashionable Observations* (Stanford: Stanford University Press, 1995, p. 80). Por estar fora da cultura e da educação, Nietzsche estava singularmente atento ao modo como ambos, como formas fracas de poder, exerciam uma forte pressão ao deformar os corpos daqueles que os praticavam em suas disciplinas e procedimentos, e como ofereciam compensações ilusórias na forma de identidades subjetivas para o fato inescapável de que o poder real estava em outro lugar. Nietzsche, apesar de todas as suas fraquezas, aponta o hacker para longe do ressentimento e para a astúcia, ou seja, para longe do moral e para o político. Ele também é, em *O nascimento da tragédia*, claramente o criador da teoria crítica da mídia.

[150] Gilles Deleuze e Félix Guattari, *O que é a filosofia?* (São Paulo: 34, 1992, p. 169). Um dos grandes méritos da obra excêntrica de D+G é a forma como corta a divisão natural/social em uma estranha diagonal, abrindo os invólucros do eu e da sociedade, traçando os fios que tecem essas bolhas aparentemente autônomas e autocentradas no biológico, até mesmo no geológico, para não mencionar as camadas técnicas. Embora não estejam sozinhos ao propor um descentramento do eu ou do sujeito, eles estão em companhia mais rarefeita ao ver os limites conturbados e problemáticos do social também como uma zona a ser atravessada. D+G oferecem uma linha para pensar a reconexão de práticas hackers em domínios muito

diferentes da ciência, arte e teoria que podem contornar os preconceitos que cada um mantém em relação ao outro como mais uma camada inútil de "identidade" negativa.

PRODUÇÃO

[165] Karl Marx, *O capital: crítica da economia política* (São Paulo: Nova Cultural, 1985-1986, p. 273). Aqui está a tensão essencial no pensamento de Marx para a qual o pensamento criptomarxista poderia oferecer variações ajustadas, mas não consegue se libertar. Apesar de toda a sua violência e exploração, a economia mercantilizada avança em direção à virtualidade ao multiplicar os recursos com os quais poderia ser revelada, mas não pode por si mesma revelá-la. Além disso, a sociedade capitalista não é a última palavra no desenvolvimento histórico da necessidade. A sociedade vetorialista desenvolve-se a partir dela e contra ela, abstraindo o regime de propriedade a ponto de tornar necessária a escassez de informação. Mas este é o ponto em que a necessidade não é mais uma necessidade material, baseada na facticidade ontológica das coisas. Baseia-se apenas na quimera ideológica que faz com que a informação apareça como uma coisa qualquer. Não existe capitalismo "tardio", apenas vetorização "precoce". E isso é uma boa notícia. As condições históricas para o "verdadeiro reino da liberdade" estão apenas começando a aparecer no horizonte.

[170] Michael Hardt e Antonio Negri, *Labor of Dionysus* (Minneapolis: University of Minnesota Press, 1994, p. 9). Este é um ponto essencial – a vida cotidiana torna-se uma fábrica social, mas seu inverso não é menos significativo. No mundo superdesenvolvido, a "fábrica" torna-se social. O trabalho torna-se

uma forma de jogo restrito, pois a classe vetorial tenta encontrar maneiras de prender e canalizar a própria virtualidade. Não se deve esquecer, no entanto, que no mundo subdesenvolvido, as lutas dos agricultores e trabalhadores continuam inabaláveis. Estamos muito longe da subsunção real de todos os aspectos da vida em todos os lugares sob o signo da economia vetorial. Mas o tempo é múltiplo, heterogêneo. Não há razão para não experimentar redes públicas, redistribuição de dados, zonas autônomas temporárias, estratégias para mídia tática - agora mesmo. Tampouco há razão para pensar que as principais inovações para libertar o vetor da classe vetorial não possam vir do mundo subdesenvolvido.

[171] Georg Lukács, *História e consciência de classe* (São Paulo: Martins fontes, 2003, p. 203). Este texto por pouco deixa de ser um clássico criptomarxista. Consideradas isoladamente, as análises de Lukács sobre a reificação do trabalho são uma obra-prima do discernimento da abstração em ação no mundo, ao mesmo tempo uma força de classe e uma força histórica. Aqui o texto se abre para descobrir seu próprio momento na contínua abstração da história. Mas então Lukács recua, dissimula e, finalmente, capitula. O texto ainda se presta a uma leitura criptomarxista, que decifra as linhas ao longo das quais o texto aponta para a abstração como uma abertura, como o virtual, por mais que o autor esteja alhures enfiando a luz que emite no arquivo lacrado de uma ortodoxia.

[172] Felix Guattari, *Caosmose: um novo paradigma estético* (São Paulo: 34, 1992, p. 33). Onde Marx vê o trabalho vivo e morto como um conjunto, Guattari também vê a subjetividade humana e inumana como um conjunto. Onde, para Marx,

o dinheiro, o equivalente geral, torna possível que vários trabalhos concretos sejam comparáveis como trabalho abstrato, Guattari aponta para uma subjetividade abstrata e maquínica tornada possível pelo vetor. Onde Marx vê o objeto como mercadoria como produto fetichizado do trabalho coletivo, Guattari vê o sujeito como indivíduo como produto fetichizado da subjetividade coletiva. Com a mudança da produção capitalista para a produção vetorialista de mercadorias, a insistência de Guattari na subjetividade como uma força coletiva e produtiva que se estende muito além dos limites do sujeito individual pode ser tão útil para desmistificar o trabalho da classe hacker quanto a análise de Marx foi para desmistificar o trabalho da classe trabalhadora. Os resíduos do hacker, nada menos que a remuneração do trabalhador, aparecem apenas como uma troca justa e livre no mercado aberto. Olhe para trás da recompensa individual pelo esforço individual e encontrará o grande conjunto coletivo de produção que não possui o que produz e recebe muito menos do que o valor total de seu produto. Esse conjunto de forças produtivas não é nada menos que as três classes produtivas – fazendeiros, trabalhadores, hackers – em seus trabalhos, labutando na segunda natureza que são seus próprios esforços passados lançados em forma material. Com o surgimento de uma terceira natureza, onde a informação anuncia sua ruptura com a necessidade, seu potencial de se libertar da forma mercadoria, surge a possibilidade não de uma derrubada, mas de uma fuga do fetiche do sujeito e do objeto e da instalação de uma subjetividade coletiva livre no mundo. O longo experimento de Guattari na produção da subjetividade coletiva e da subjetividade como produção coletiva aponta o caminho.

[175] Slavoj Zizek, *Repeating Lenin* (Zagreb: Bastard Books, 2001, p. 82). O que o humor observacional de Jerry Seinfeld representa para a comédia, a teoria observacional de Zizek representa para a crítica. Algumas dessas observações estão certas: em vez de usar os tribunais para conter o monopólio da Microsoft, o próprio monopólio poderia ser socializado. Seu trabalho tem o grande mérito de evitar problemas que afligem outros no campo pós-marxista. Étienne Balibar, Chantal Mouffe, Ernesto Laclau e Alain Badiou, todos, de várias maneiras, tratam o político como um reino autônomo. O "Leninismo" de Zizek é uma questão de manter uma tensão entre o dinamismo econômico da forma mercadoria e a intervenção política. Zizek está ciente da ruptura que a informação cria no reino da escassez, e que isso tem implicações políticas e econômicas. Seu chamado para "repetir" Lênin não pretende invocar os velhos dogmas, mas a possibilidade de uma síntese de economia política crítica, organização política e desejos populares. Veja também Slavoj Zizek, *The Spectre Is Still Around*! (Zagreb: Bastard Books, 1998).

PROPRIEDADE

[176] P. J. Proudhon, *O que é a propriedade?*. Como diz Lautréamont, o texto de Proudhon, que desafiaria o mercado, acaba sendo o papel de embrulho das mercadorias ali vendidas logo em seguida. Os tempos mudam. Com a evolução do vetor, o surgimento de uma telestesia digital, a famosa frase de Proudhon poderia ser plagiada e invertida: roubo é propriedade. Uma geração criada na internet já concebe toda informação como potencialmente uma dádiva, e uma dádiva cuja partilha não priva ninguém. A cultura de compartilhamento de arquivos ainda não mudou, de Proudhon plagiado para Marx

plagiador, e pensando no desafio mais profundo que a vetorização de todas as informações representa para noções ultrapassadas de propriedade como escassez. Parece apropriado responder à pergunta de Proudhon fornecendo a URL8 para uma versão digital do texto que frustra a pergunta. Em sua reprodutibilidade, o digital nunca é roubo nem propriedade, a menos que o artifício da lei assim o determine. A aplicação dessa linha de pensamento ao texto em questão certamente não incomodaria seu autor. Não se trata tanto de "roubar este livro", que apenas transgride as formas existentes de propriedade, mas de "presentear este livro", que pode apontar para além da própria propriedade.

[195] Matthew Fuller, *Behind the Blip: Essays in the Culture of Software* (Nova York: Autonomedia, 2003). Com base em suas colaborações com Nettime, Mongrel e I/O/D que tentam hackear a cultura digital contemporânea no interesse de um fluxo plural e aberto de informação, Fuller apresenta uma síntese única de Debord e Deleuze (via Vilém Flusser) com práticas criativas de informação. Na realização do potencial da classe hacker como classe, a construção de novas formas de produção de informação tem um lugar crucial. A crítica de Fuller busca a objetificação dentro da própria forma da interface de informação. Enquanto Stallman se concentra na produção de software livre, Fuller e seus amigos investigam os vetores íntimos que conectam a produção humana à inumana.

[8] N. do T. : No original, Wark havia incluído neste parágrafo a URL de uma versão digital da obra de Proudhon. Porém a página, apontada pelo caminho http://dhm.best.vwh.net/archives/proudhon-property-is-theft.html está fora do ar.

[202] Asger Jorn, *The Natural Order and Other Texts* (Aldershot: Ashgate, 2002, p. 171). Este é um livro de artista e não de pensador, escrito por um ex-membro da Internacional Situacionista ao lado de Debord e Vaneigem, mas na obra de Jorn temos uma luta consistente para criar uma prática em que pensamento, arte e política possam ser um movimento, comprometido com a recriação do mundo.

REPRESENTAÇÃO

[211] Stewart Home, *Neoism, Plagiarism and Praxis* (Edimburgo: AK Press, 1995, p. 21). Atado com um humor feroz, mas alegre, as provocações de Home formam uma ponte entre as tentativas, indo do Dadaísmo ao Fluxus e à Internacional Situacionista, de libertar a criação da autoria subjetiva e da propriedade objetiva, e a preocupação mais contemporânea da estética de negar a originalidade e o *status* formal e distante da obra de arte que derivam, talvez, da Arte Conceitual.

[219] Walter Benjamin, "Critique of Violence", em *One Way Street* (Londres: Verso, 1997, p. 144). Neste texto luminoso e enigmático, Benjamin – aquele criptomarxista original – localiza as condições para uma comunidade livre fora do reino da representação. Em todo o seu trabalho, Benjamin está procurando maneiras e meios de usar o vetor de informação como um meio de expressão, para libertá-lo da representação. Ele é, talvez, o primeiro a compreender o poder da reprodução para iludir a "aura" da propriedade e da escassez, e ver no vetor novas ferramentas para uma poesia feita por todos. Sua vasta e inútil erudição tornou-se objeto permanente de fascí-

nio dentro da educação, porém, pode obscurecer sua luta por um pensamento aplicado, no e do vetor, no e do seu tempo.

[223] Conde de Lautréamont, *Maldoror and the Complete Works* (Boston: Exact Change Press, 1994, p. 240). Em Lautréamont, toda a literatura é propriedade comum, pelo que o plágio não é roubo, mas apenas a aplicação do princípio: a cada um segundo as suas necessidades, de cada um segundo as suas capacidades. Lautréamont nada esconde, nada faz passar por seu, e transforma o que toma, produzindo o novo a partir da diferença. Onde os surrealistas o amavam por suas altas sombras góticas, os situacionistas identificam corretamente seu desafio à autoria como um avanço radical na poesia que pode ser generalizado – a poesia pode ser feita por todos.

[228] Adilkno, *Cracking the Movement* (Nova York: Autonomedia, 1994, p. 13). Ver também Adilkno, *Media Archive* (Nova York: Autonomedia, 1998). Adilkno, ou Associação para o Avanço do Conhecimento Ilegal, é um dos poucos grupos que conseguem descobrir e pensar através da transformação da paisagem da vida cotidiana em sua forma vetorial. Neste trabalho, eles descobrem que o movimento dos posseiros em Amsterdã não foi apenas uma questão de tomar e manter o espaço físico, mas também foi travado no espaço vetorial. Eles continuarão a pensar esse espaço vetorial em seus próprios termos, em vez de algo sempre dependente e necessariamente remetido a algum tipo de relação social não vetorial. Eles acabaram com a sociologia da mídia, para que possamos começar a questionar a mídia da sociologia.

[231] Kodwo Eshun, *More Brilliant Than the Sun: Adventures in Sonic Fiction* (Londres: Quartet Books, 1998, p. 122). O livro de Eshun é único ao criar para o que Lester Bowie chamou de Grande Música Negra uma política de não identidade aberta para o futuro ao invés de uma política de identidade ligada à tradição. Eshun reimagina a música como memória do próprio virtual, abrindo um caminho singular através do techno, hip hop, dub e o que ele chama de "fissão do jazz". Ele menciona apenas de passagem, a propósito das condições de possibilidade do dub, que ele atinge suas multiplicidades de hackeamento coletivo justamente porque explora vetores de telestesia com total indiferença às leis de direitos autorais. Essa observação poderia ser estendida a todo o seu estudo, e mesmo além da música para outros vetores ao longo dos quais o virtual pode fluir e o hack pode cortar. A produtividade aberta que Eshun encontra nas margens fora da lei fora da propriedade vetorialista da música permanece marginal precisamente por causa do domínio da propriedade sobre a informação. No entanto, as partículas do virtual que Eshun encontra nos poros do antigo regime de propriedade intelectual, ressoam como amostras de um mundo por vir. Eshun sabe que esse reino atópico está fora das identidades do sujeito, mas não compreende bem a outra condição, a de estar fora das identidades do objeto como a propriedade o representa.

[232] Geert Lovink, *Dark Fiber: Tracking Critical Internet Culture* (Cambridge, Mass.: MIT Press, 2002). Ver também Geert Lovink, *Uncanny Networks* (Cambridge, Mass.: MIT Press, 2002). Mais do que qualquer um, Lovink (um ex-membro do Adilkno) abandonou a bagagem inútil da

crítica cultural esquerdista enquanto reinventava constantemente uma prática de mídia livre que pode desenvolver sua própria vantagem crítica. Suas práticas de trabalho colaborativo na mídia emergente são um exemplo do que pode ser uma política hacker capaz de trabalhar em um espaço heterogêneo entre o hack técnico, o hack cultural, o hack político e que pode combinar os abundantes recursos de hardware do mundo superdesenvolvido com as práticas mais astutas e reflexivas do mundo subdesenvolvido. Lovink pratica uma espécie de "teoria tática", que abandona o quadro geral para conceitos que funcionam local e temporalmente. Seus instintos anarquistas se misturam a um alegre pragmatismo filosófico ao tratar a tradição criptomarxista com humor e irreverência. Pode haver, no entanto, um limite para a eficácia dessa tática em agregar as expressões dispersas do "novo desejo" que a classe hacker pode identificar no horizonte e articular para seu momento na história.

REVOLTA

[240] Michael Hardt e Antonio Negri, *Império* (Rio de Janeiro: Record, 2001, p. 234). *Império*, de Hardt e Negri, toma um rumo estranho desde o início, quando discute a estrutura legal de uma ordem internacional emergente. Em um nível, esta é uma técnica analítica marxista padrão: observe as transformações das superestruturas visíveis em busca de mudanças infraestruturais subjacentes, de outra forma difíceis de detectar. Mas o que é curioso é a infraestrutura legal específica escolhida para atenção. Se tivessem escolhido olhar para o desenvolvimento da lei de propriedade intelectual, H+N poderiam ter chegado mais perto de um renascimento da análise de classe. Ao escolher, em vez disso,

o direito internacional e a soberania, eles perseguem outra dinâmica importante, mas não necessariamente dominante, em ação no mundo. Seguindo a vertente anti-imperialista, e não anticapitalista, no pensamento crítico, eles colocam em primeiro plano a luta entre o vetor e o invólucro. Este é um conflito histórico, parcialmente capturado nos conceitos de desterritorialização e reterritorialização de D+G. É fetichizando a política de vetor e o enclausuramento e ignorando as inovações na formação e análise de classe que se acaba com uma oposição estéril entre "neoliberalismo" e "antiglobalização". O que há de inovador em H+N é que eles efetivamente deslocam o eixo do conflito para duas formas concorrentes de vetorização – Império *versus* multidão. No entanto, sendo a primeira, de certa forma, considerada uma forma de "autoenvolvimento" autônomo, ela não escapa ao flerte com os discursos românticos de pessoas e lugares que perseguem o movimento antiglobalização.

[243] Guy Debord, *Complete Cinematic Works* (Oakland: AK Press, 2003, p. 150). Uma das virtudes dos escritos de Debord é sua consciência delicada, até mesmo melancólica, da ondulação do tempo, e como a experiência vivida do tempo define a agenda para o pensamento e a ação crítica, e não o contrário. Para resistir à tentação autoritária de agarrar o momento, como se fosse um objeto, qualquer movimento político deve saber esperar o seu tempo. A sutil abordagem do tempo de Debord em nenhum lugar é mais bem expressa do que em suas obras cinematográficas, que apresentam todo o arquivo do cinema como uma paisagem onde a própria história está esperando nas sombras tremeluzentes como a virtualidade da imagem.

[246] Gilles Deleuze, *Negotiations* (Nova York: Columbia University Press, 1995, p. 127). Deleuze apoiou, por exemplo, o movimento de rádio livre, que revelou muito bem as ambiguidades de uma política que favorece o vetorial, que promove o movimento. A rádio livre pode ter começado como algo cultural, como uma forma de "resistência", mas foi rapidamente colonizada pelas forças da mercantilização.

[251] Luther Blissett, *Q* (Londres: Heinemann, 2003, p. 635). Esta notável alegoria histórica, uma ficção "popular" no melhor sentido da palavra, é um texto didático brechtiano para uma sensibilidade hacker emergente. O protagonista do livro, que atende por muitos nomes e identidades, descobre como o vetor cria possibilidades, lutando dentro e contra ele, tanto para reforçar o aperto da necessidade quanto para escancará-lo. Luther Blissett é em si um nome de muitos, um pseudônimo coletivo, apresentado como uma tática para superar o domínio da propriedade que sustenta a aura da autoria.

[254] Lawrence Lessig, *The Future of Ideas* (Nova York: Random House, 2001, p. 6). A informação é algo estranho para ser a base da propriedade. É, como Lessig observa, um recurso não rival. A maioria dos argumentos sobre propriedade intelectual lança os defensores da propriedade privada contra os defensores da regulamentação estatal. Mas, argumenta Lessig, antes de pensar em mercado ou Estado, pense em controlado ou livre. Para Lessig, recursos livres sempre foram cruciais para inovação e criatividade. Lessig oferece uma distinção útil entre três camadas do vetor. Ele identifica a tensão entre a camada física e a camada de conteúdo. Mas presta muita atenção ao que chama de camada de "código" –

o software que, neste mundo digital, liga o conteúdo ao seu substrato material. A história da internet é uma história rara em que o controle de monopólio sobre todas as camadas foi quebrado – por um tempo. A genialidade da internet é que a camada de código permite que qualquer tipo de conteúdo gire em sua camada física. Ele permite que todos os tipos de dispositivos sejam construídos em qualquer extremidade. A informação livre é crucial para a criação de novas informações. É tão verdadeiro para o código de computador quanto para músicas e histórias. Mas é preciso mais do que informação. Você precisa de acesso. Você precisa de um vetor. Você precisa de um sistema de comunicação física que não seja sufocado pelo controle monopolista. E você precisa saber o código. Embora Lessig não vá lá, pode-se pensar em melodia e harmonia, gramática e vocabulário, tomadas e edições como código. Músicos, escritores, cineastas também são hackers de código. A diferença é que ninguém usou as leis de propriedade intelectual para isolar o idioma inglês ou o blues de doze compassos como sua fonte exclusiva de lucro corporativo – ainda. Mas é isso que está acontecendo com o código de computador. Uma camisa de força da lei de propriedade a mantém acorrentada aos interesses do monopólio. Lessig é a favor de um regime de propriedade intelectual "magro". Lessig questiona o alcance da "propriedade", mas não faz a questão da propriedade. Ele não hackeia a própria lei. Lessig é o mais impressionante daqueles autores que acreditam na lei da política intelectual e na política como árbitros mais ou menos neutros que podem chegar a configurações no interesse das pessoas como um todo. Mas a lei e a política estão claramente sendo cooptadas por interesses vetoriais, zombando da boa vontade construtiva oferecida na obra de Lessig.

ESTADO

[274] Giorgio Agamben, *Means without End: Notes on Politics* (Minneapolis: University of Minnesota Press, 2000, p. 87). Ver também Giorgio Agamben, *Homo Sacer* (Belo Horizonte: Editora UFMG, 2002). O pensamento marxista em seu disfarce pós-althusseriano foi incapaz de pensar através do devir-imagem da mercadoria, em que o valor de troca eclipsa o valor de uso, abrindo o espetáculo debordiano para o mundo de puro valor de signo de Jean Baudrillard. O espetáculo pode ser a alienação da própria linguagem, a expropriação do logos, da possibilidade de um bem comum, mas Agamben percebe com razão uma saída. O que encontramos no espetáculo é nossa natureza linguística invertida. É uma linguagem alienada na qual a própria linguagem é – ou pode ser – revelada. O espetáculo pode ser o desenraizamento de todos os povos de sua habitação na linguagem, a ruptura dos fundamentos de todas as formas estatais, mas essa mesma alienação da linguagem a devolve como algo que pode ser experimentado como tal, "trazendo a própria linguagem para a linguagem" – uma terceira natureza. Agamben encontra a crise emergente do Estado nessa completa alienação da linguagem. O Estado agora existe em estado permanente de emergência, onde a polícia secreta é sua última agência em funcionamento. O Estado pode reconhecer qualquer identidade, então propor novas identidades a ele não é desafiá-lo. Novas identidades podem empurrar o Estado para uma abstração maior, mas elas apenas reconhecem no Estado uma base que o Estado realmente não possui, como autoridade final, sobre os tipos de cidadania que podem pertencer a ele. A luta que se aproxima não é para controlar o Estado, mas para excedê-lo e escapar dele para o irrepresentável. Para

Agamben, Tiananmen é o primeiro surto desse movimento para criar uma vida comum fora da representação. O que nunca ocorre a Agamben é investigar as condições históricas – e não filológicas – de existência desse desafio radical ao Estado. Agamben reduz tudo ao poder e ao corpo. Como os althusserianos, ele também dispensou o problema de relacionar o complexo de forças históricas. Ao passar tão rapidamente da forma-mercadoria para a forma-Estado, desaparece a questão do processo histórico da produção da abstração e da abstração da produção e, com ela, o desenvolvimento da luta de classes. Pode muito bem ser que a comunidade que vem seja aquela em que tudo pode ser repetido como é, sem sua identidade – mas quais são as condições de possibilidade para tal momento chegar pela primeira vez? Essa condição é o desenvolvimento das relações de telestesia, tecidas juntas como uma terceira natureza, que apresentam como seu aspecto negativo a sociedade do espetáculo, mas apresentam como seu potencial a abstração generalizada da informação, a condição sob a qual a identidade do objeto consigo mesmo não precisa reinar. Os primeiros cidadãos da comunidade de Agamben, sem origens nem destinos – sem necessidade de um Estado – só podem ser a classe hacker, que hackeia e dispensa todas as propriedades do objeto e do sujeito. O gesto que não é nem valor de uso nem valor de troca, pura práxis, puro jogo, além da forma-mercadoria, só pode ser o hackeamento da classe hacker como classe, fazendo nascer suas verdadeiras condições de existência, que são simultaneamente as condições de seu desaparecimento como tal.

[282] Karl Marx, *Crítica da filosofia do direito de Hegel, 1843* (São Paulo: Boitempo, 2010, p. 145). Esta é a significativa mutação no campo da ideologia: em vez de ser algo fora do culto do sagrado, o mercado torna-se a única coisa sagrada. É claro que é uma figura repleta de sutilezas hipócritas. Ao contrário da crença popular, as classes dominantes não acreditam realmente no mercado. Eles nem aceitam isso como uma necessidade. Eles usam o poder do Estado para impedir que o livre mercado opere quando é contrário aos seus interesses, e usam o poder do Estado para aplicá-lo contra facções rivais dentro das classes dominantes quando é do seu interesse. A tarefa do pensamento hacker não é ficar preso em apoiar ou denunciar a ideologia liberal, que afinal é apenas ideologia, mas examinar sua aplicação altamente seletiva na realidade.

[283] Raoul Vaneigem, *The Movement of the Free Spirit* (Nova York: Zone Books, 1998, p. 37). Vaneigem, aquele cofilósofo mal-humorado da Internacional Situacionista, traz aqui o espírito hacker ao libertar o pensamento de sua implicação nas instituições de educação que o tornariam uma ferramenta nas mãos do poder de classe. Assim como Deleuze buscou uma contratradição dentro da filosofia, uma que não colocasse o pensamento como administrador imaginário de um Estado abstrato por vir, Vaneigem buscou uma contratradição a essa contratradição, mais próxima da vida cotidiana. Em *The Movement of the Free Spirit* (O movimento do espírito livre, em tradução livre), ele propõe uma história secreta para a luta pelo virtual, que um hacker a história pode assumir, com algumas modificações, como sua.

[289] Gilles Deleuze e Claire Parnet, *Dialogues* (Nova York: Columbia University Press, 1987, p. 147). A liberação do desejo, não apenas do objetivo, das meras coisas, mas também do subjetivo, da identidade, é parte fundamental do projeto hacker, justamente porque se abre para o virtual. Aqui Deleuze, Guattari e os estranhos ancestrais filosóficos que eles reúnem – Lucrécio, Spinoza, Hume, Nietzsche, Bergson – podem ser úteis, desde que resistamos à atração da fuga da história que acontece na indústria de Deleuze, uma vez que o desejo que a anima é o do aparato educacional.

[293] Gilles Deleuze e Félix Guattari, *O anti-Édipo: capitalismo e esquizofrenia* (São Paulo: Editora 34, 2010, p. 158). Esta obra criptomarxista exemplar tenta inventar e aplicar ferramentas de análise em toda a esfera econômica, política e cultural, identificando planos de abstração e os vetores de movimento. É uma obra muito do seu tempo, rastejando das cinzas de maio de 1968, e apontando para os vários erros que infestariam o pensamento radical a partir dos anos 1970.

EXCEDENTE

[300] Georges Bataille, *The Accursed Share*, vol. 1 (Nova York: Zone Books, 1988, p. 33). Bataille é um autor criptomarxista exemplar, que nesta obra faz mais do que ninguém para minar o domínio inflexível da necessidade sobre a história. Onde a ciência sombria da economia se preocupa apenas em maximizar o tamanho do excedente, Bataille investiga o que pode realmente ser feito com ele – além de reinvesti-lo na produção – para gerar ainda mais excedente.

[308] Marcel Mauss, *Sociologia e antropologia* (São Paulo: Cosac Naify, 2003, p. 296). Este é um texto que apela a um reexame, à luz da forma abstrata que a dádiva pode assumir na era vetorial. O socialismo de Mauss ainda pode encontrar seu meio. A telestesia abre novas possibilidades não apenas para a economia mercantilizada, mas também para a dádiva. Possibilita a dádiva abstrata, no qual o doador e o receptor não se confrontam diretamente. Torna possível a dádiva informativa, que enriquece quem recebe, mas não priva quem dá. Várias redes peer-to-peer surgem espontaneamente assim que o vetor de informação o torna possível, e chamam sobre si toda a ira técnica, legal e política da classe vetorial e seus agentes.

VETOR

[313] William S. Burroughs, *The Ticket That Exploded* (Nova York: Grove Press, 1962, pp. 49–50). Ao longo da linha que se estende desde o farol solitário que é Lautréamont até Dadá, os surrealistas, Fluxus, os situacionistas, Art & Language, até grupos contemporâneos como o Critical Art Ensemble, pode-se incluir também aquele aspecto dos Beats – Burroughs, Alexander Trocchi, Brion Gysin – que experimenta formas de criação coletiva que podem existir fora da propriedade. De fato, o que poderia formar a base de uma espécie de sucessão contracanônica, de Lautréamont a Kathy Acker, Luther Blissett e Stewart Home, uma literatura para a classe hacker, seria precisamente a tentativa de inventar, fora da forma de propriedade e da forma vetorial de seu tempo, uma produtividade livre, mas não meramente aleatória.

[315] Karl Marx, *Grundrisse* (São Paulo: Boitempo, 2011, p. 570). O meio material pelo qual a relação de troca se estende

pela superfície do mundo é o vetor da telestesia. O vetor é ao mesmo tempo material e também abstrato. Não tem coordenadas espaciais necessárias. É uma forma abstrata de relacionalidade que pode ocupar quaisquer coordenadas. Enquanto Marx descobre, à margem dos Grundrisse, o significado da comunicação, ele não a integra no coração de sua teoria. Quando ele fala do equivalente geral, por exemplo, quando mostra casacos e algodão, e explica que é o equivalente geral, o dinheiro, que cria sua relação abstrata, ele pergunta onde exatamente essa relação abstrata encontra sua forma material, que é precisamente o vetor.

MUNDO

[354] Konrad Becker, *Tactical Reality Dictionary* (Viena: Edition Selene, 2002, p. 130). O texto de Becker funciona virando a linguagem da pesquisa em comunicação contra si mesma. Ele aumenta o volume de sua retórica pseudocientífica para que se ouça a estática do poder. Este texto não pretende "falar a verdade ao poder". Dispensa a ideologia de desmascarar a ideologia. A luta nos termos de Becker é antes descobrir quem ou o que controla os mecanismos de definição de verdade e ilusão. Becker segue de perto a virada pós-iluminista na retórica corporativa da classe vetorial, que pode promover "democracia", "liberdade", "rebelião" e "diversidade" como ideologia oficial, mas está principalmente no negócio de manter um controle proprietário sobre seu alcance semântico.

A Hacker Manifesto. Copyright © McKenzie Wark, 2004.
Publicado originalmente pela Harvard University Press

COORDENAÇÃO EDITORIAL – FUNILARIA
Caio Valiengo, Marilia Jahnel e Renata Del Vecchio

COORDENAÇÃO EDITORIAL – SOBINFLUENCIA
Fabiana Vieira Gibim, Rodrigo Corrêa e Alex Peguinelli

TRADUÇÃO
Victor Barcellos

PREPARAÇÃO
Alex Peguinelli, Fabiana Gibim, Caio Valiengo e Marília Jahnel

REVISÃO
Ligia Marinho

PROJETO GRÁFICO
Rodrigo Corrêa

Dados Internacionais de Catalogação na Publicação (CIP) de acordo com ISBD

W277m Wark, McKenzie
Um manifesto hacker / McKenzie Wark. - São Paulo : sobinfluencia edições, 2023.
216 p : 13,5cmx 21cm.
Inclui bibliografia.
ISBN: 978-65-84744-23-3
1. Filosofia. 2. Política. 3. Tecnologia. 4. Hacker. I. Título.

CDD 100
2023-3371
CDU 1

Elaborado por Vagner Rodolfo da Silva - CRB-8/9410
Índice para catálogo sistemático:

1. Filosofia 100, 2. Filosofia 1

editorafunilaria.com.br
sobinfluencia.com

Este livro é composto pelas fontes minion pro e neue
haas grotesk display pro e foi impresso pela Graphium
no papel Lux Cream 70g, com uma tiragem
de 1000 exemplares